新知图书馆

球的法则

[美]乔希·切特温德（Josh Chetwynd）著　刘辉 译

THE

SECRET OF

BALLS

上海科学技术文献出版社
Shanghai Scientific and Technological Literature Press

图书在版编目（CIP）数据

球的法则 /（美）乔希·切特温德著；刘辉译 . —上海：上海科学技术文献出版社，2020
（新知图书馆）
ISBN 978-7-5439-8028-0

Ⅰ. ①球… Ⅱ. ①乔… ②刘… Ⅲ. ①球类运动—青少年读物 Ⅳ. ① G84-49

中国版本图书馆 CIP 数据核字（2020）第 035865 号

The Secret of Balls
Copyright © 2011 by Josh Chetwynd
Illustrations by Emily Stackhouse
All rights reserved including the right of reproduction in whole or in part in any form.
This edition published by arrangement with TarcherPerigee, an imprint of Penguin Publishing Group, a division of Penguin Random House LLC.
Copyright in the Chinese language translation (Simplified character rights only) © 2020 Shanghai Scientific & Technological Literature Press
All Rights Reserved
版权所有，翻印必究
图字：09-2018-867

选题策划：张　树
责任编辑：杨怡君　付婷婷
封面设计：周　婧

球的法则
QIU DE FAZE

[美]乔希·切特温德　著　刘　辉　译
出版发行：上海科学技术文献出版社
地　　址：上海市长乐路 746 号
邮政编码：200040
经　　销：全国新华书店
印　　刷：常熟市人民印刷有限公司
开　　本：720×1000　1/16
印　　张：11
字　　数：197 000
版　　次：2020 年 4 月第 1 版　2020 年 4 月第 1 次印刷
书　　号：ISBN 978-7-5439-8028-0
定　　价：38.00 元
http://www.sstlp.com

目录

序言 …………………………………… 1

一　澳式足球 …………………………… 1
二　苏格兰街头群伙足球/忏悔节足球/节日足球/
　　康沃尔人的曲棍球 ………………… 4
三　冰上曲棍球 ………………………… 7
四　棒球 ………………………………… 10
五　篮球 ………………………………… 14
六　沙滩排球 …………………………… 18
七　轴承滚珠 …………………………… 21
八　斯诺克台球 ………………………… 23
九　意大利地滚球 ……………………… 27
十　保龄球 ……………………………… 29
十一　板球 ……………………………… 32
十二　棰球 ……………………………… 35
十三　健身球/瑞士球/抗力球 ………… 38
十四　陆上曲棍球 ……………………… 41
十五　沙包 ……………………………… 43
十六　足球 ……………………………… 45
十七　爱尔兰足球 ……………………… 49
十八　高尔夫球 ………………………… 51
十九　手球 ……………………………… 55
二十　回力球 …………………………… 57
二十一　毛利橄榄球 …………………… 60

二十二	噗嗤球	62
二十三	长曲棍球	64
二十四	草地保龄球	66
二十五	魔术8球	69
二十六	弹珠	71
二十七	马里球	75
二十八	健身实心球	77
二十九	冥想球	79
三十	碰碰球	81
三十一	无挡板篮球	84
三十二	彩弹球	86
三十三	芬兰奥利派棒球	89
三十四	法国地滚球	92
三十五	弹子球	95
三十六	斯泊汀高弹力球	98
三十七	马球	101
三十八	推球	103
三十九	短网拍墙球	106
四十	红色操场球/樱桃球/红色公用球	108
四十一	轮盘球	111
四十二	橄榄球	114
四十三	铅球	117
四十四	爱尔兰曲棍球	120
四十五	英式足球	123
四十六	垒球	126
四十七	弹跳球/地吸球/骑球/袋鼠球/跳球	129
四十八	壁球	132
四十九	压力球	135
五十	超级球	137
五十一	乒乓球	140

五十二	藤球	142
五十三	团队手球	144
五十四	网球	146
五十五	绳球	150
五十六	乌理玛球	153
五十七	排球	155
五十八	水球	158
五十九	威浮球/空心球	160
六十	悠波球/滚人球	162

作者简介 …………………………………………………… 166

序言

事有先后。在揭开球类运动秘史的面纱之前，我要先就本书的研究对象说上几句。在英语中，"ball"这个词，它有"勇气"的意思，也表示"男性解剖学的一部分"，还表示灰姑娘要去参加的那个"舞会"，当然也表示我们常常玩耍的那个小东西——"球"。本书的目的在于揭示球的秘密。

当我们进一步研究时还会遇到另一个问题：究竟球要具备哪些要素？它必须是圆的吗？它必须有弹力吗？它必须是球体吗？这些问题困扰了很多运动员。足球和橄榄球就是因为球体的形状不同而有了不同的名字。有一次，一位爱尔兰的橄榄球明星在一场重大的比赛结束后，在当地的酒吧里遇见了大作家詹姆斯·乔伊斯。这位饱学之士对他说："从球的概念上来讲，你今天没有打球，因为球应该是圆形的；你打的球甚至连椭圆形都不是，只是个扁长的球体而已。"据说这位运动员当时并没有被吓一跳，他只说："豪萨斯汤姆（亲近的称呼），你说的正是我的困惑呀。"

尽管我们十分尊敬詹姆斯·乔伊斯，但恕我直言，如今的球可不单单指圆形的球体了，它泛指那些我们可以在运动场上、体育馆里、竞技场中，甚至自家后院内和起居室里玩耍的所有"球体"（该定义摘自《英国大百科全书》，1911年版本）。我们所讨论的球无论是圆形的、椭圆形的，还是橄榄形的；是实心的还是空心的；里面是气体、液体，还是细绳；是皮质的、金属的、橡胶的、塑料的，还是聚氨酯材料的，都可以。我甚至把魔术8球（magic 8 ball）也纳入本书，因为说实话，这种球实在太好玩了，真不应该忽略。最后说明一点：本书只涉及那些流传至今且尚有人玩耍的球类运动及它们的直系祖先。因此，有一种在古希腊运动会上出现过，但如今已经失传的episkyros，一种古老的在学校里进行的踢球和投球的运动就没有列入本书中。

解决了这个"圆形规则"后，我要解释一下为什么要写一本以球类运动为主题的书。理由非常简单，除了把我收集到的有趣的故事呈现给大家之外，我认为球是比赛场上的无名英雄。在每一场重要的比赛中，观众的眼睛都会紧紧地盯着球，心里揣摩着接下来球的轨迹。它们受尽了扔、抱、投、拍、打、击、弹、踢、甩等种种蹂躏。虽然球的角色如此重要，但是它一旦出现一点小的差错就会被大肆宣扬，一个破洞、使用了某种非法的外国材料或由于过度使用造成了凹痕都会引出事端。这确实有点奇怪。

过去球的地位极为重要，因此当它今天面临着种种困境时，人们在某种程度上感到很意外。在某些文化中，球是宗教的产物；而在另一些文化中，球造成了极端的两极分化。一方面，有很多统治者热爱球类运动。历史上尽享球类运动的都是些名望显赫的人：亚历山大大帝、成吉思汗、奥古斯汀·恺撒、苏格兰皇后玛丽、亨利八世、法国国王德克雷陛下，还有亚伯拉罕·林肯，这里仅举几个例子。但是也有一些统治者，他们虽然知道某些球类运动，却把它们视为有失体面且让人堕落的东西。从苏格兰、西班牙到美国、新西兰，它们的国王、君主以及官员们连续几个世纪都在躲避各种各样的球类运动。最主要的原因是他们担心这些球类运动会引发人们赌博或借机进行军事上的拉帮结派。美国总统托马斯·杰弗逊就是一位典型的批评家，他写信给他的侄子，告诫这个年轻人不要参与球类运动，因为"球类运动会让人的身体充满暴力，对修身养性毫无益处"。英国著名作家杰尔姆曾开玩笑地说，如果天神俯视地球时看到人类在进行球类运动，他们也会认为"球一定是具有邪恶力量的恶魔，它是人类最大的敌人"。

那么是什么左右了球的地位呢？也许是工业的文明和机械化。一旦球被大批生产，每一个球都注定要使用相同的玩法，它最初的那种充满活力的特质就消失不见了。难怪人们只在它刚刚兴起，玩法还很新鲜的时候才跃跃欲试。然而，这并不意味着球就没有个性。与人类一样，球也是不断变化发展的。我们视为理所当然的那些因素，比如高尔夫球的球洞、足球上的缝线、网球上绑着的羽毛等都是那些快被遗忘的演化步骤的反映，有些比较久远，有些离我们很近。那些改革过程中发生的故事讲述着各种各样的阶级利益、时运不济的粉丝、伟大的头脑、改变世界的发明和有关生死的事件。

本书试图通过上面提到的故事或传说，从球类历史和娱乐两个角度来揭示书中囊括的60种球类运动的起源和发展。当然，如果你读得仔细，还能在其中发现除此之外更多球类运动的信息。本书的意义在于全面，而不是详尽。因为有些对球类运动感兴趣的朋友总会不时地发现新的或不太著名的球类运动，希望本书能提供些参考。当你读完这本书之后，也许会赞成普利策奖的获得者芭芭拉·图克门（Baabar Tuchman）的观点："在人类行为中，发明球和发明车轮同等重要。"即便你不赞成这个观点，也希望你读完本书之后，对球类运动，对任何一种球，能有一种新的理解。

澳式足球

澳式足球（Australian rules football）就好比是英式足球和橄榄球的私生子，它的样子看起来就像长着一个塌鼻梁的椭圆形球。这么说也是有理由的：澳式足球的诞生是早期英式足球和橄榄球的倡导者们殖民斗争的结果。

19世纪中叶，澳大利亚的墨尔本是世界上最具国际化特征的大都市之一。随着1851年维多利亚淘金热的开始，它成为运输的集散地和中产阶级乃至一些富人们（英国财富猎人）最向往的地方。这些外来者在辛苦工作的同时也想娱乐一下。大多数刚刚到达澳大利亚的盎格鲁-撒克逊人都加入了英国新兴的足球队——英式足球队和橄榄球队。尽管如此，这些具有独立精神的移民者们却想要制定一套他们自己的游戏规则。

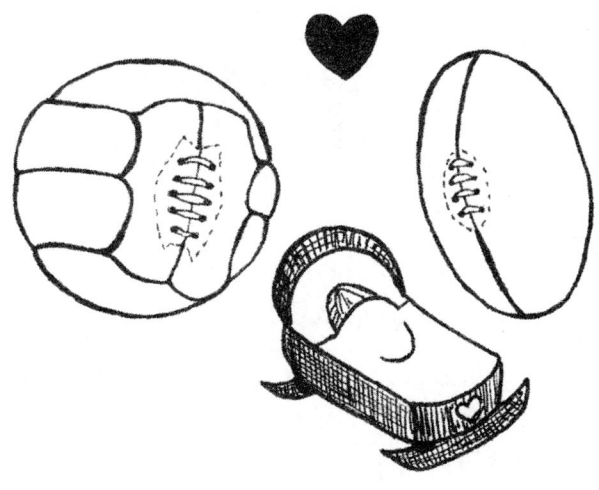

从澳式足球的形状可以看出，足球爱好者和橄榄球爱好者们对这项新兴运动的重大影响。在决定球的形状时英式足球占有优势。容易弹起的圆形球似乎更适合那些最初的游戏规则，比如必须在奔跑中传球和接球。椭圆形的橄榄球会在草地上无法预料地四处乱弹。然而，这个问题最终也没有解决，以至于后来有很多比赛在开始的时候使用椭圆形的球，等到比赛过程中球破裂了，又接着使用圆形的球。

到了1860年，很多正式的规则才确定下来。各个派系非常固执地支持某一种球。最后，这项运动的发起人之一汤姆·威尔士站在了支持使用橄榄球的球迷们的一边。因为尽管威尔士是一个地道的澳大利亚人，但是他曾经就读于英格兰橄榄球学校，因此一旦有机会决定使用哪种球，便旗帜鲜明地赞成代表母校名字的橄榄球。

除了有威尔士的支持之外，有人也认为有关球的争执实际上也是阶级斗争的体现。在英格兰的很多精英学校，比如伊顿大学城和哈罗公学，比较盛行英式足球的玩法；而以中产阶级为主的新兴学校，比如威尔士所在的橄榄球学校，比较热衷稍微野蛮一点的橄榄球。在墨尔本，来自英格兰的中产阶级移民在数量上超过了富人，这导致了19世纪70年代橄榄球在澳大利亚的盛行。

尽管这种橄榄形的球获得了胜利，但是英式足球有时也有优势。毕竟，在制定某些规则时，比如拍球，使用圆形的球更合理。后来，皮革匠T.W.雪林解决了这个问题。雪林在墨尔本郊区开了一家商店，业余时间喜欢玩澳式足球。由于与这项运动的渊源，他开展了修理这种橄榄形球的业务。这项运动比较野蛮，一个完好的球很快就被打烂了。他专门修复这些烂球，成了这一行的专家。后来他注意到球的两端极易破损，于是将球的两端改成了圆圆的凹坑，这样就改变了球的外形，使球更容易拍打和传踢。这一以橄榄球的形状为主，足球的形状为辅的创举，使长久以来双方不得不一再妥协的问题迎刃而解。

数据与事实

尺寸：球的直径在58.93~61.98厘米，重量大约在0.45~0.48千克。

起源：很多学者认为这项运动是一个叫作曼古鲁克的原始游戏赋予的灵感。它是一项类似橄榄球的运动，球由负鼠皮制成，里面填充木炭和羽毛。创立人威尔士童年时曾见证过这个游戏。不过，这个说法一直遭到其他作者的热烈争议。

语言： 澳式足球在历史上有无数的昵称，包括：the pill（药丸）、the nut（坚果）、the tooty（嘟嘟）、the footy（足球）、the T.W、the cherry（草莓）、the agat（玛瑙）、the Tommy（英国兵）和the air conveyance（航空运输机）。

苏格兰街头群伙足球/忏悔节足球/节日足球/康沃尔人的曲棍球

对于世界上的大多数人来说,足球一词会令人想起足球场或橄榄球场。对于澳大利亚人来说,想到的可能是属于他们的独特的澳式足球。但是,对于英国剑桥郡的人们来说,他们所想到的却完全不同,因为他们会想到野兽。

几个世纪以前,来自大不列颠的数百人组成的队伍,在某一个异想天开的宗教节日里摆开阵势,互相抓、推、踢甚至用胳膊肘顶对方,目标是争夺一个球。他们使用胳膊、双脚或身体的任何部位,战场从城市中心扩展到郊区甚至又蔓延到村子的尽头。这个游戏经常在忏悔节星期二举行(大斋节开始的第一天),非常受欢迎。几个世纪以来,很多统治者都禁止他们的子民参与这个运动,因为它包含了粗鲁的元素。这种粗鲁的方式使你感到惊讶吗?尽管如此,这项如今被命名为苏格兰街头群伙足球Ba',或节日足球,或忏悔节足球(Shrovetide fooball,

festival football, Cornish huring ball）的运动，仍然一如既往被当作不列颠岛当地年度比赛的项目之一。

尽管这个运动项目不怎么文明，但是这种球（苏格兰人称作Ba，英国人称作足球）却受到人们真诚的尊敬。在苏格兰某市，每次比赛后人们都要仔细地擦掉球上的污点，并把这个球一尘不染地传给后代。在那里，出资建筑球场是公民们的义务，制造这种球也由公民们来预付现金。在哈姆雷特地区，由当地的教区执事负责提供比赛用球。在其他地方，一对新婚夫妇必须捐献一个球。

球的样式设计得谨慎小心。在苏格兰的边陲城市，这种球被叫作"handba"，呈现出很小很结实耐用的特点。有趣的是人们在球上加了一条缎带，给早熟的年轻人追求女孩用，参与者把缎带从球上解下来送给观众中他暗恋的女孩。球的填充物也很重要。在苏格兰岛的科威尔城（Kierwall），制作成一个英式足球大小的Ba需要4天时间，球里面被密密实实地填满软木屑，这样当它在击中目标时可以立刻漂浮起来，因为球门是城市边上的海港。在英格兰西南部的康沃尔郡，这种球被视作最珍贵的物品。在圣库伦镇和圣艾夫斯（康沃尔郡），球被设计成银色，还流传着两条振奋人心的凯尔特语座右铭："城市和农村都要做到最好"和"公平比赛才是好的比赛"。

比赛一旦开始就什么事情都有可能发生。在英格兰东部内陆地区的阿瑟斯通镇，比赛使用的球是所有球中最大的（想想沙滩排球的尺寸）。结果，往往在接近比赛高潮的时候，参赛者们不得不把球割开以便容易抓住。由于英式足球里允许"抱"，因此苏格兰的街头群伙足球的规则中也允许"抓"——在这种情况下，这项运动在进行时显得杂乱无章。在19世纪苏格兰的节日足球比赛中，有一次，组织者最后把球从中间劈成两半，让双方队员都体验一下胜利的感觉。在接下来的喝啤酒庆祝节日足球比赛的狂欢中，这种抓、抱更加肆无忌惮。

数据与事实

尺寸：球的大小不一，最大的球直径约68.58厘米，重约1.81千克。最小的球直径约8.71厘米，重约0.46千克。中等大小的球直径约22.6厘米，重约1.36千克。

皇家轶事：在英国的阿什伯恩镇发生过一件皇家轶事，历史上叫作"皇家忏悔节足球"。1922年，该镇将一只装饰华美的特殊的足球送往伦敦，作为乔治五世的女儿玛丽的结婚礼物,她的婚礼在忏悔星期二举行。此后,威尔士王子曾有两次在哈姆雷特镇将足球抛出作为节日足球的开幕式。1928年,即将继位的爱德华八世也曾经用足球来作为祭礼。2003年,查尔斯王子手持一个足球,举过肩膀(这是一种接待贵客的传统礼节,不过爱德华王子却喜欢这种仪式)。

名称: 参加节日足球比赛的每一支球队都有自己的名字,最有代表性的是排在首位的Uppies队和Downies队(或苏格兰的Doonies队),他们把哈伯镇的其他球队远远甩在了后面。

三
冰上曲棍球

尽管现代人在听说竟然有冰上曲棍球（bandy）运动时会觉得有点不可思议，但是这种运动在莎士比亚的年代确实曾经非常盛行过。当时有吟游诗人在《罗密欧与朱丽叶》里提到过它。罗密欧整天忙于自己的剧本，当他忙里偷闲的时候，就曾提到"在维罗纳大街上玩冰上曲棍球是违法的"。

回到当时的欧洲，游戏规则在各国不尽相同。有的要求参与者射中目标，有的要求射入洞中（高尔夫风格的）。一般来说，要用到一根弯曲的长棍和球。球的大小也不一样，通常是用羽毛或木头做成的，其中用树干的瘤或节雕刻而成的球为上品。

维多利亚的英国人制定的规则沿袭到现代。在冬天，湿地

上的浅滩很快就结成了冰,英国的布瑞芬镇(Buryfen)是适合穿上冰鞋去滑冰和击球的理想场所。当地人一定是特别喜欢在冰上玩耍,他们尝试用各种方法去玩这种球,后来就演变成了今天的冰球。19世纪末,布瑞芬镇的冰上曲棍球组织者制定了规则,明确规定必须使用结实强韧的印度橡胶做成的球,它的大小和网球差不多,通常是红色的。这种小球被发明者亲切地叫作"小猫"。比赛在室外开阔却不平坦的大片冰地上进行。队员在90分钟一场的比赛中大约需要滑行11.27～17.7千米。

布瑞芬人一心致力于传播他们的运动,并成功地使它获得了北欧皇室的青睐。有报道说,威尔士王妃曾经参与过这项运动,不过她更喜欢用网球来代替沉重的"小猫"。当时女士在比赛时使用轻巧的球是一个惯例。也有资料显示,瑞典的皇室是这项运动的第一批爱好者之一。在1890—1910年,冰上曲棍球被传播到荷兰、苏格兰、德国、俄国、挪威和芬兰。

这项运动在波罗的海和斯堪的纳维亚一带的很多地区同样受到了皇室的热爱,特别是在俄国和瑞典,如今这两个国家已经成为这项运动的大国。在瑞典电视台转播该比赛期间,顶尖级专业运动员在一个赛季就可以赚到50万美金。

"小猫"在该地区的重要程度使得这项运动在20世纪90年代有了很大的改变。球从原来的尺寸变得更大,直径大约扩大了25%。据马格纳斯·司考特说,这是因为瑞典的组织者认为大球在电视转播时观众能看得更清楚。大球的确便于镜头捕捉,但是在极快的速度下击打它或让它转弯就会变成非常危险的事情。出现在戏剧中的冰上曲棍球不像是莎士比亚时代的风格,运动员们说那是维多利亚时代的尺寸。

数据与事实

尺寸: 正规的球是橘黄色的,外壳由坚硬结实的塑料制成,表面有脊状的线条(便于球的旋转),直径大约在6.35厘米,重量59.54～65.2千克。

速度: 尽管在由来已久的规则中已经禁止了将球棍举到高过肩膀击球,但是球的速度也能达到每小时160.94千米以上。

来自俄国的狂热喜爱: 俄国冰球要追溯到几百年前。彼得大帝(1672—1725)是该项运动的狂热追捧者。在现代俄国,该项运动被叫作"冰球"或"俄国冰球"。

名称：Bandy这个词来自日耳曼语单词"bandja"，意思是"弯曲的木棍"。Bandy这个词也用作动词，意思是"在争论中用轻快或偶然的方式交换（语言或行动）"。这就解释了在这项运动中需要突然快速地击打球的原因。在莎士比亚的《李尔王》中，也有bandy这个词，当李尔问奥斯瓦德："你为什么这样无礼地看着我？你这个流氓！"然后李尔揍了奥斯瓦德。

四 棒　球

如果你想了解棒球（baseball）的历史，就从棒球的用球上着手吧。学者们将这项运动得分率较低的早期阶段称作"死球时代"。但是当贝比·鲁斯从投手位置换到击球手的位置上并且在大联盟联赛中大显身手的时候，这项运动就迎来了它的"活球时代"。从19世纪90年代开始，棒球从专业领域扩展到全民范围，一些专家开始思考这项运动是否开始进入了"激情时代"。至于第三个名称，事实证明"激情"的是棒球选手而非棒球。读者们通过查阅《不列颠百科全书》中"棒球"条目，可以获得更为详尽的描述。

尽管棒球是一项重要的体育项目，早期的棒球却是一个偶然的产物。这项运动的雏形起源于不列颠岛，在棒球开始发展之前，老式板球、圆场棒球（两者都包含现代棒球运动中投球和击球的部分，但远没有现代棒球复杂）等早期的用球棒击球的类

似运动和更为先进的板球运动都有受众人群。虽然有这些运动作为典范，但是棒球的用球直到19世纪50年代末才形成统一的标准。在纽约这样的大城市，人们雇佣鞋匠裁剪旧鞋来制作球胆，并用羊皮或其他皮革加以包裹。而在湖岸地区，人们用柔韧性良好的鲟鱼的眼球来制作球胆，这也让"把眼睛锁定在球上"这句话有了一个不同的含义。这些早期的用球和现在能在棒球场上见到的球大不一样，其中一个很常见的变种叫作"柠檬皮"，它由一整张皮革缝制而成，两组交叉的线分别在球的两侧组成两个"X"的形状，"柠檬皮"因为看上去像可以被切成四瓣的柠檬而得名。抛开外形设计不说，这些早期的球体都有一个共同的特点：尺寸非常大。1857年制定的规则里规定了球的周长必须在25.4～26.04厘米，这使得这些球看上去更像是小号的垒球，而不像现在所见到的棒球。

19世纪末，随着这项运动发展成一种全民化的娱乐项目，棒球运动的用球也逐渐演变为近代的尺寸和外观。事实上，1872年的棒球尺寸与现在的尺寸已经大致相同。沿用至今的两片球面的"8"字形设计在当时很常见，很多人都宣称这是自己的发明。在美国马萨诸塞州，有一场持续了很久的争论，双方为这一发明到底归属于斯托顿的埃利斯·德瑞克还是纳蒂克的威廉·卡特勒上校而争执不下。无论这一殊荣属于谁，"8"字形设计从那时起开始成为主流。1858年，威廉·哈伍德开始大批量地生产棒球。这位早期的棒球制造商和卡特勒一样，都来自纳蒂克。

人们对这项运动日益增长的关注促使企业家不断提高产量。1890年，棒球制造业巨头之一A.J.瑞奇拥有一家有300名工人的工厂，工人的工资按件支付（平均周薪是10～15美元）。在这种情况下，一名高级工人每天能够生产大约36个棒球。产业巨头在当时意味着能找到最好的原料。俄罗斯的棒球制造业曾一度具有掌控市场的能力。在俄国革命发生之前，蒙古马皮被视作是用来制作一流棒球的必备材料。在1911—1915年期间，美国的商业巨头曾表示有必要与俄国人保持良好的关系，否则将无法确保结实耐用的马皮的来源。尽管情况不是很明确，但想必人们还是找到了解决办法。

虽然人们在棒球的制作上下足了功夫，但最初的产品还是有些不足。橡胶球胆的球会在比赛过程中损坏变形。在某种程度上，怎样才能使棒球在比赛中维持尽可能长的时间成为关键问题。因此选手们通常在比赛的前期阶段会有较多的得分机会，球在那个时间段里还尚未软化变形。要知道在弗兰克·巴克因为"全垒打"而名声大噪的时候条件还很恶劣，那时他一个赛季打出的全垒打的数量从未超过12个，比当今73个全垒打的记录少了很多。但是弗兰克很走运，他在前两个赛季打出6个全垒打之后，就用上了一种软木球胆的新球，这种球在

1910年的世界职业棒球大赛中使用过之后就成了棒球的固定标准。有些记者因为它的弹性很好而称其为"兔球"。

1920年，一些棒球球迷认为当时的棒球里一定添加了一些奇怪的填充物。那一年，贝比·鲁斯打出了54个全垒打，比之前的比赛最佳纪录高出25个，于是人们纷纷把目光聚焦到棒球上。1921年在《棒球杂志》的一篇文章中，来自克利夫兰印第安人队、布鲁克林道奇队和匹兹堡海盗队的队员都确信当时比赛中用的是一种弹性更好的球。阴谋论者认为这些弹性更好的球是有预谋地加入到比赛中的。尽管没有证据能证实这一点，不过19世纪20年代中叶，一种使用软木球胆的新球被正式引入比赛，这一改进确实增加了全垒打的数量。

也许是这种混乱的状况让制造商保持沉默，因为在之后的几十年里，除了在19世纪70年代球面由马皮换成牛皮之外，棒球几乎没有改动过。唯一的例外是第二次世界大战期间由于橡胶的短缺而改用一种叫作巴拉塔（balata）的马来西亚树胶，但事实证明这种材料制作出来的球质量低劣，很快就被弃用了。

然而针对棒球比赛用球的阴谋论似乎一直存在。19世纪90年代末，全垒打的总数再一次直线飙升，所有人都指向比赛用球。随后，人们发现全垒打大爆发的状况很有可能是选手服用了兴奋剂造成的，这时有人暗示棒球管理层对使用兴奋剂心知肚明，而用比赛用球这一话题来转移视线。这一次的说法依然没能得到证实，却留下了一种习惯，每当棒球运动出现异常的时候，人们首先想到的就是比赛用球。

数据与事实

尺寸：棒球的周长22.86～23.5厘米，重量约为0.14千克（误差大约不超过7.09克）。

颜色：虽然现代棒球因其平滑的白色色调而经常被比作珍珠，但在整个棒球的发展史中，使用有色棒球曾多次成为争论的焦点。1870年，佩克与斯奈德公司（Peck & Snyder）推出过一种暗红色的球，声称这种深色的球可以避免在阳光下白色球令野外队员和击球手产生头晕目眩的现象。1928年，两支小联盟球队尝试使用一种黄色球进行比赛，同样的尝试在10年后的大联盟联赛中也出现过，但是这些尝试最终都不了了之。19世纪70年代，奥克兰运动家队的发起人查尔斯·芬利曾极力倡导使用橙红色的棒球，以便在夜间比赛的击球手能看得更清楚，但他的提议同样没有结果。

变种： 具有讽刺意味的是，虽然棒球从某种程度上来讲起源于英国圆场棒球，但是到了近代，圆场棒球却开始借鉴棒球。圆场棒球比棒球更软、更轻，但同样采用了和美国相同的"8"字形缝线设计。另一种相似的英国运动——威尔士棒球也采用了和棒球相同的设计。

湿度： 海拔越高、湿度越低，球的飞行速度也就越快。人们意识到这一点是在1993年，科罗拉多洛基山队加入大联盟联赛后，丹佛的库尔斯球场突然成了全垒打的福地。这造成了投手们多年的士气低落，之后洛基山队想出了减轻场地影响的办法——直接给棒球加湿。2002年，球队俱乐部建立了用来在比赛之前给球加湿的保湿贮藏间，这一举措有效地减少了年度全垒打的总数。

奇闻轶事： 小联盟联赛中，曾发生过选手用土豆代替棒球捉弄跑垒员的事件。在1987年的比赛中，费城人队的瑞克·伦布雷德在三垒上看到对方的接球手投出球，于是他立刻上垒，却惊讶地发现威廉斯波特的接球手戴夫·布雷斯纳翰手里还拿着一个棒球。实际上是布雷斯纳翰按照棒球的尺寸削了一个土豆并且偷偷带进了球场，以迷惑伦布雷德。布雷斯纳翰被罚出赛场，威廉斯波特队所属的克利夫兰印第安人俱乐部随后与他解约，那颗土豆则成了南加利福尼亚棒球博物馆的永久藏品（放在一罐工业酒精里）。

名称： 棒球在半空中飞行的速度非常快，这给它带来了很多绰号。媒体曾用阿司匹林药片（aspirin tablet）来表示棒球，因为高速飞行的球看上去非常像白色的止疼片。一个投球手曾经开玩笑地说："阿司匹林（这里表示棒球）是缓解球队经理头痛的最好办法。"因此，棒球通常也直接被叫作药片（pill）。

五
篮 球

在那片广阔的球场上，篮球（basketball）是我们所熟悉的"铁圈运动"。奈史密斯在1891年11月寒冷的一天里发明了这项运动。当时他专注更多的是球，而不是各个得分区。

奈史密斯是马萨诸塞州一个年轻基督教青年会大学的体育老师。奈史密斯为一个18人的基督教青年会管理者的班级授课，但当时有一个迫在眉睫的任务难倒了他，那便是当寒冷的冬天到来时，除了教他们一些健美操、体操和一些孩子们玩的游戏等室内项目之外，别无其他。他试图把那些已经很受欢迎的运动，比如橄榄球和足球加以改进和调整，但多次失败，最后

终于研究出一种可以在室内进行的球类运动。

在篮球运动问世的头一天晚上，奈史密斯为这项运动列出了13条规则，希望借此制定出一种不太暴力同时又很严格的、符合基督教徒的理想的游戏。在描绘这种游戏时，奈史密斯想到的是一种很重的球。他制定的规则中有9条是关于球的，而只有5条是关于得分方面的。奈史密斯在1902年对《纽约时报》说："合适的球能使篮球这项游戏更具有科学性和趣味性。它必须足够大，便于被人抓住又不容易被藏起来。"当时的选择是我们所熟悉的足球。

一旦把球的问题解决了，接下来的任务就明朗了。为了避免发生类似于足球场上的暴力事件，篮球规则中禁止带球跑，禁止用脚踢球，禁止参赛者用拳头猛烈击球以及球场上球员之间的肢体冲突。从那时起，奈史密斯开始更加关注得分。为了防止球场上的意外受伤，在传球或投篮时，球必须离地面约3米以上。因为当时没有找到投篮用的箱子（boxes），就在离地面约3米高的位置钉了一个装桃子用的筐，这就是最初的篮筐，这项运动也因而被叫作"篮球"，而不是"箱球"。

第一次比赛以1∶0的小比分收场。进球后，球员们需要从篮筐里取出球再进行比赛，因为没有人想到把篮子底部剪开。直到1906年才出现了可供篮球穿过的铁环篮筐。因为当时那个班的学生大多来自美国（有些来自加拿大），于是这项运动在北美发展得非常快。最早的比赛在基督教青年会（YMCA）的体育馆里进行，继而遍布各个大学和俱乐部。后来这项运动的发展大有赶超足球运动的趋势。经过奈史密斯3年的创新与发展，第一个真正的篮球问世了。它的直径比足球大约10厘米，重量和现在的篮球一样。

在早些年，与篮球有关的热点话题是运球。在当今的篮球运动中运球依然很重要，在一场平均40分钟的大学之间的比赛当中，运球的次数达到1 700次之多。其实这在当时属于禁忌，因为有的组织者会认为那是在鼓励粗鲁和自私。人们真正赞赏的是球员之间的相互配合。到了1915年，如果一个人多次运球或多次进球将被视为违规。相反，规则要求队员要把球传给队友。甚至在1929年底，一些裁判试图取消这项规定，结果都失败了。

其实，运球的这一规则并没有对早期的篮球变革有多大帮助，而且人们也总会在接球时显得迟钝，拿不住球。"最困难的事就是保持球的形状"，伟大的大学教练约翰·伍德在回忆1918年的比赛时这样说道，"我们常常不得不用橡胶带来把球的形状固定住"。谢天谢地的是，在20世纪40年代早期，篮球运动有了改进，不再使用胶带，而且有了统一的版式，球的形状也变成了我们现在所看到的圆形。但当时官方篮球的周长比现在的篮球小了约6.67厘米。这也是美国职业篮球联赛（NBA）在1949年成立时所规定的篮球尺寸。

随着球员体重和身高的增加，篮球的规则更多用来控制那些"巨无霸"对篮球的所作所为。例如，在20世纪50年代末，当篮球正要进入篮筐或在篮筐上方垂直运动时，如果有人伸手起跳去干扰（也就是所说的救球），就被视为犯规。在1968年的大学校园里，篮球比赛是不允许扣篮的。后来，在1972年，这一规定又被推翻。

在20世纪中叶，篮球的颜色成了另一个至关重要的问题。在20世纪的前50年里，篮球是褐色的，也有少数是黄色的。到了20世纪中期，褐色球则全部被黄色球所取代，继而在1958年，大学教授托尼·欣克尔把这种球带进了美国全国大学生体育协会（NCAA）的总决赛路易斯维尔的赛场上。由于这种球非常容易让观众看清楚而被比赛接受了。

在1967年美国足球协会（ABA）成立时，篮球的颜色又成为焦点。ABA为了与NBA对抗，引进了一种有红、白、篮3种颜色的新式球，他们声称这样有利于吸引电视观众和广大的女性观众（至于他们为什么认为颜色鲜艳的球可以吸引女性观众就不得而知了）。然而联盟却视他们的行为似乎有些不利于国家团结，有一些嫉妒的心理，并且对那位著名的球类制造商W.J.沃伊特提出了控诉，原因是他涉嫌抄袭了当时一种网球的样式和颜色。但是当控诉被呈上法庭时，法庭做出了这样的判定：驳回对沃伊特的侵权指控，因为法官认为，网球的样式不能因为有红、白、蓝的颜色就被认为是一个不可被侵犯的商标。而直到1976年，事情才最终得以平息，因为此时的ABA和NBA已经合并了，所以那种红、白、蓝的球也被抛弃了。

在21世纪，运动员的技术能力作为一个焦点浮出水面。起初，NBA的变革不大。在1970年，只对篮球表面的条纹图案的数量做了改变，由4条变成8条。在2006年发生了大的变革，联盟打算把以前的革制用球丢弃掉，取而代之的是高技术含量的微纤维材料制成的篮球。这种新款篮球再一次改变了条纹图案的数量，由以前的8条变成2条。联盟希望改变之后的篮球能够更适于抓握。

然而，篮球明星沙奎尔·奥尼尔却并不习惯使用这种球，说它像是商店里卖的玩具篮球。史蒂文·纳什则认为设计过于简单的2道条纹的篮球容易挫痛手指。于是球员联盟集体签署了一项抵制联盟"不公平耗费体力训练"的诉状，因为新球让人消耗更多的体力去练习。在得克萨斯州一所大学里的教授们做了一项实验，他们发现新球的确更加耗费体力，而且不够稳定。就这样，新球问世不到两个月就在质疑声中被叫停。奈史密斯的一个学生这样对波士顿《环球时报》说："老师当时发明篮球的初衷就是为了让球员玩得高兴，而不是为了符合地板的材质。我想换回以前的革制球也是我老师的愿望。"

数据与事实

尺寸： 标准尺寸的男子篮球直径为23.85～24.26厘米，重量为0.56～0.62千克。女子篮球稍微小一点，直径为23.04～23.44厘米，重量为0.5～0.55千克。

弹跳力： 适当的弹力对篮球来说是必需的。一个比赛用篮球的标准弹力应该是当它从约2米高的地方落下后，能够弹回原高度的70%（约1.24～1.37米）才算合格。

灵感： 奈史密斯借助篮球改进了一项加拿大孩子们玩的游戏，叫作石头打鸭子（duck on the rock）。游戏的目的是在6米远的地方投掷石块击中目标。为了触感更柔软一些，奈史密斯用篮球代替石头来玩耍。

巨大商机： 在2008年，美国卖出的篮球价值达10.67亿美元，这些钱几乎是花费在足球上的2倍（8 900万美元），更比花在棒球上的总费用的3倍还多（4 900万美元）。

名称： 篮球表面上为了便于抓握而设计的轻微凸起叫作pebbles（粗糙表面）。在一只官方标准篮球上有大约3.1万块这样的微小凸起。

六
沙滩排球

在古希腊没有沙滩毯,也没有比基尼,但这丝毫阻挡不了他们去玩那项传统的极富激情的沙滩排球(beach ball)游戏。在荷马的史诗巨著《奥德赛》的第六篇中记载了这样一段趣事:一次,公主纳斯卡和她的陪同一起去海滩旁边洗衣服,洗完之后,她们一起进行野炊,最后,"公主和她的随从们把头巾抛向空中,缠绕到一起形成一个球状,于是就开始了最初的沙滩排球游戏"。

在这段趣事之后，大约2 500年前，沙滩排球逐渐形成了固定的样式，尺寸比现在大，五颜六色，很轻。这个过程开始于南加利福尼亚一个球类生产商，他正在想办法拓展公司的产品种类。1922年，W.J.沃伊特建立了沃伊特橡胶制品公司，公司最初的理念是把旧轮胎处理后再利用，他把目光投向体育用品市场，于是研制出了第一个可充气的橡胶沙滩球。其实当时不止沃伊特一家公司，很多公司都在激烈地抢占市场。从1921—1922年，华盛顿哥伦比亚地区的大商场里挂满了各个公司研发的五颜六色的沙滩排球模型。但有一点毫无疑问，沃伊特公司是第一个把阳光和冲浪融合到球的设计理念当中的。

然而，这种鲜艳的沙滩排球是怎样吸引到公众视线的呢？不管原因如何，所有的公司都认为沙滩排球是个可以吸引更多顾客的有力的促销道具。《洛杉矶时报》就刊登过这种广告："只要您购买哈里斯·弗兰克的套装，就可以获赠一个又大又闪亮的沙滩排球。"其实《洛杉矶时报》也发现这是一个极好的促销手段，于是在20世纪30年代期间，他们打出了沙滩排球广告来做宣传："只要您说服您的家人或朋友订阅我们两个月的报纸，就可以免费获得我们送给您的一个沙滩排球。"

在那段时期，沙滩排球在大众文化中占有一席之地。美女在海边身着泳装手持沙滩排球形象随处可见。就连巴布鲁·毕加索也在1932年创作了立体派艺术杰作《手持沙滩排球的沐浴者》（虽然毕加索画的白球相对较小），当然更多的画面是照片形式的。

到了20世纪40年代，沙滩排球的制造材料由橡胶变成了柔软耐用的塑料。1947年，著名的芝加哥百货商店马歇尔广场登出广告，他们吹嘘自己的沙滩排球有"最华丽的颜色，最轻便的材质，结缝处可以永久防水，只需4美元"。后来，芝加哥的司提伟公司的促销则被认为是最惠民的，因为他们打出了"最高级的塑料材质沙滩排球只需28美分"的广告。

一些生产商继续生产橡胶沙滩排球或者半乳胶半橡胶的沙滩排球。但是到了20世纪60年代末情况发生了一些变化，当时有一部冲浪的电影，里面出现一种超级炫亮的有6种颜色（红、白、蓝、黄组合而成的颜色）的沙滩排球着实风光了一把。那时候影院里播放的电影，特别是安妮特·富尼切和洛弗朗杰·阿瓦龙的电影，镜头里尽是穿着极少的年轻人玩沙滩排球，几乎忘乎所以的情景。

最后，可想而知，这种沙滩排球越过了大洋继续保持强劲势头。1970年，一些球迷把沙滩排球带入了室内，给球充满气，用手掌四处击打。在道尔奇体育馆观看垒球的观众们最先接受了这种玩法。1975年的《帕萨迪纳星闻》报道各种各样的沙滩排球是多么吸引人，比赛中道尔奇队以5∶0战胜了亚特兰大勇士队。

多纳德·萨顿玩这种球的方式最幽默，每天清晨，他在自家的游泳池里双手各举一只沙滩排球，让他的孩子来与他争夺。

即便如此，并不是所有球队都喜欢沙滩排球，比如洛杉矶的阿纳翰天使队就严格禁止把这种球带到他们的球场。事实上，在2009年9月，作为英超联赛中利物浦的足球俱乐部成员的天使队影响巨大。在一次与桑德兰的足球比赛中，一个16岁的年轻人把一只充满气的沙滩排球投掷到赛场上。当时桑德兰队员正在射门，这只重量不大的沙滩排球击中了那只足球，足球顺着它的力量正好射进了利物浦的球门。这个球也是全场唯一的一个进球，它帮助处于劣势的桑德兰队以1∶0战胜了利物浦队。虽然这个男孩遭到激烈的谴责，但是那只沙滩排球却得到了极高的待遇，它在拍卖会上以411.77英镑（合687美元）被买走，如今陈列在英国普雷斯顿国家足球博物馆，成为世界上最著名的一只沙滩排球，真可谓是一段佳话。

数据与事实

尺寸：沙滩排球有各种规格，但是直径45.72厘米、重113.4克的沙滩排球是最普遍的。据www.beachballs.com网站的戴维·莱特说，有买家花899.95美元买过直径43.18厘米、重约1.28千克的巨型沙滩排球。

名称：柔软光滑的polyvinyl chloride（聚氯乙烯，也就是众所周知的PVC）是制造沙滩排球的最佳材料。

七
轴承滚珠

也许有人会嘲笑我把轴承滚珠写入这本有关球类游戏或运动的书里面。毕竟,那些尺寸很小的珠子从来不是任何游戏的焦点。你不能抛、击打或抓住它——除非你要数数弹球的数量,弹球可以说是滚珠里面尺寸最大的了。然而这些小型的珠子也是影响最广泛的游戏和运动之一。这些珠子通称为轴承滚珠(bearing balls),把它们加入某些奇妙的机械装置中就叫作轴承滚珠。在电影《造箭》中,赛维·蔡斯有一句经典的台词:"如今到处都是轴承滚珠。"他说的并非不是事实。至少有6种以上与轴承滚珠有关的游戏项目确实流传到了今天,比如脚踏车和溜溜球。

最早想出利用轴承滚珠使机械物体移动更快这一主意的是罗马人。大约在1500年,莱昂纳多·达·芬奇开始画机械设备。大约100年后,伽利略给这些嵌在里面的珠子起了专业的名字。让这些珠子自由地按圆形轨迹滚动可以帮助减少摩擦,从而使轴承的效率达到最大。但是直到19世纪末,这些大小相等的工业用滚珠才开始进入运动和游戏项目。

没有什么比骑自行车更为普遍的运动了。为了使踏板能够流畅地运转,人们在轴承的凹槽里放入滚珠和润滑油。人们仿佛突然之间可以用超过步行3倍的速度出游了。自行车比赛在滚珠被加入轴承里之前就已经存在了,但是在这之后,自行车比赛前进了一大步。了解了轴承滚珠之后,机械师们把它们运用到更先进更重要的设计中。比如,经营自行车修理业务的怀特兄弟将轴承滚珠运用到第一架飞机——怀特号飞机上。

轴承滚珠不仅给自行车和早期的飞机带来顺畅的运转,还被用到娱乐项目中。比如滑旱冰和飞蝇钓。后者因此有了很大革新,在捕到鱼之前线上的绳子常常会变得松弛,有了轴承滚珠绳子就可以毫不费力地旋转。虽然这些小珠子通常都是用钢材制作的,但是钓鱼高手们选择用青铜或小一点的宝石(比如玛瑙)来做滚珠,他们认为它们的支撑力更好。此外,轴承滚珠在划船手们的清洗方面也发挥了重要作用。多年来,划船手在前前后后的反复划桨过程中弄得满身油污。在19世纪最后的10年里,用装有轴承滚珠的轮子做成的可滑动座椅改变了这种满身污秽的状况。

另一个看似不太可能从轴承滚珠中获益的竟是溜溜球。这种玩具可以追溯到古代,但是普遍认为是在20世纪80年代得到的改进。轴承滚珠为溜溜球提供了高速运转的动力,使它呈现出人们无法想象的、前所未有的新鲜玩法。溜溜球因此变成了一项身体接触的运动项目。溜溜球玩手们流行在互联网上晒他们比赛时留下的伤疤,这些伤疤包括爆裂的血管、破碎的牙齿和严重瘀青的手。

数据与事实

尺寸:尺寸跨度很大。有的与BB型气枪的子弹大小相同,直径大约0.45厘米,重约0.06克。

制造:首先将很多根钢条切成无数小段,然后加工成圆形,最后打磨出亮光。整道程序至少需要8小时。

名称:提到BB型气枪,BB并不代表"轴承滚珠"或"滚珠轴承"。相反,它指的是气枪所用铅粒的型号(在B和BBB型号之间的中间号)。1928年,顶级BB型气枪销售者戴西制造有限公司重新设计了他们的气枪,开始用轴承滚珠作为子弹。

八
斯诺克台球

环顾一下房间，无论在什么地方看到塑料，你都应该感谢斯诺克台球（billiard）。理由很简单，塑料是几个世纪以来，人们在不断改进斯诺克台球的形状和硬度时的产物。斯诺克台球的现代历史至少要从法国路易一世（1461—1483）开始，它也是伊丽莎白女王时代大众文化的一部分。威廉姆·莎士比亚在《安东尼·亚斯奎斯》一书中提到过这项运动。苏格兰玛丽女王非常热衷于玩斯诺克台球，以至于当她1587年在监狱中等待处决时还坚持要在囚室内放一张斯诺克台球桌。

在玛丽女王的统治岌岌可危的时候，她似乎也抱怨过她桌子上木头雕刻的台球不好用，因为在那个年代，很难找到一直能保持良好硬度的球。问题就在于很难将木头塑造成真正的

23

圆球形。经过一段时间的使用，这些木球就很容易变形，在热的环境中还会膨胀变大。

最初的改革是令人遗憾的。在17世纪初，用象牙制作成的球是当时最好的。与之前的木球不同，象牙很容易就可以塑造成完美的圆球形，台球玩家甚至非常享受这些球互相碰撞时发出的声音。当然，象牙是极其昂贵的。在一年中就有1万只甚至更多的大象因为制造斯诺克台球而惨遭杀戮。

最后，象牙球出现了需要改善的问题。与木球一样，随着使用次数的增多象牙球会碎裂，或因为温度的变化而变形。一只象牙球在10℃的环境中放置5分钟就会毁坏。皇室王族们当然不用担心家里的温度，他们关心的是控制气候。硫化橡胶发明之前，加热保险杆很常见。维多利亚女王甚至使用了一张能加热的台球桌，保护她的台球不会遇冷而破裂。但是无论怎样努力，随着时间的推移，象牙球最终还是会像鸡蛋一样碎裂。吉伯特和沙利文著名的喜歌剧《日本天皇》唱出了一个斯诺克台球玩家最糟糕的命运。

有人可能愿意相信是人们良心发现才不再使用象牙球，实际上还是因为经济原因。1863年，纽约的台球制造商费伦和科伦德担心象牙无法供应斯诺克台球制造之需，他们出资1万美金来悬赏能找到象牙替代品的人。悬赏金额之大正是因为这项任务很艰巨。从橡胶到陶瓷，数十种尝试一一宣告失败。

这种探索大约持续了6年，一个来自纽约奥尔巴尼的名叫约翰·卫斯理·海厄特的印刷工，最终有幸找到了问题的突破口。他不但改变了制作台球的材料，还一举开启了塑料时代。海厄特的发明是利用一系列溶解剂将硝化纤维素溶化和樟脑一起生成的一种合成材料，叫作赛璐珞，它成为第一批用于商业制造的塑料。

19世纪70年代，海厄特的台球推向市场时被大肆宣传和吹捧，但是依然存在问题。这种球很容易燃烧，很多象牙球制造商甚至声称它们一旦碰撞得过于猛烈就会引发爆裂。有一个有趣的故事，说的是一个沙龙的主人举行一次台球桌试验。他说，一个台球玩家刚刚点燃的雪茄烟不小心碰到了一只台球，随之而来的是一声巨响，虽然范围很小，但是房间里的每个人都举起了自己的枪。

正如众所周知的那样，这种人工合成材料制成的台球赢得了很多买家，但是还不能完全取代传统的象牙球。到了20世纪20年代后期，斯诺克台球专家们还在坚持说正宗的台球爱好者还是推崇象牙球。于是，又有一家公司出资5万美金来悬赏代替象牙的材料。谢天谢地的是，塑料在海厄特最初发明的基础上有了更大的进展。实际上，用一种叫作铸塑酚醛塑料的树脂材料可以制造出不容易燃烧的台球，后来它完全取代了象牙，并一直沿用到今天。

虽然用塑料来制作台球是前人留下来的惊人馈赠,但是"象牙时代"并没有过去。当然制球不再使用象牙,但是象牙制造业仍然导致了大象数量的骤减,它们已经从500年前的1 000万头减少到21世纪初的30万～50万头。

数据与事实

尺寸:不同风格的比赛使用不同尺寸的球,落袋式台球直径大约5.72厘米(误差在0.01厘米左右),重0.16～0.17千克。斯诺克台球是英国台球的变种,使用稍微小一点的球,直径约5.24厘米,重0.14～0.16千克。

更多斯诺克台球信息:在19世纪晚期,斯诺克台球成为英国人一种流行的娱乐活动。8个红色球按一定顺序排列,6个不同颜色的花球(黄、绿、棕、蓝、粉、黑)排在桌子的另一侧。玩家必须用红色球击打其他花色的球,每一个花球代表不同的分值。在20世纪60年代,实际上是电视使这项运动保留了下来。1969年,英国广播电视台(BBC)希望电视节目的颜色丰富多彩,于是开创了一个新的频道BBC2台,用彩色电视摄影法进行电视广播。由于台球的颜色丰富,所以被选中在电视上播放,当时叫作"小黑壶",成为极受欢迎的一档节目。

名称:关于billiard这个词有很多争议。在法语里,这个词来自表示木球杆的billart或者bille,意思是"小球"。pool有一个简单的解释:它来自法语的poule,意思是"水池,游泳池"。在最初的赌博游戏中,赌资通常都被放在水池里。

与球有关的短语

球类运动给英语语言补充了很多词汇和习惯用语,比如下面的13条习惯表达法。不过第5条短语(have a ball)列在这里稍显牵强,因为毕竟它来自舞蹈而不是来自球。

1. A whole new ball game:出现的新情况或新形势。
2. Behind the eight ball:处于不利的地位。
3. Carry the ball forward:采取必要的措施来推进某个项目或活动。
4. Drop the ball:犯错误。

5. Have a ball：开心、狂欢。

6. In the ballpark（In the same ballpark）：即将找到解决办法或意见达成一致。

7. Keep the ball rolling：保持势头不断地进行下去。

8. Oddball：古怪的人或事物。

9. On the ball（keeping your eye on the ball）：关注最新问题。

10. Playing ball（play ball）：愿意开始某项活动或愿意与某人合作（有时可能出于不正确的判断）。

11. Playing hardball：为了达到目标决然地采取行动，甚至常常忽略了很多美好的东西。

12. That's the way the ball bounces：一种意思是指事情超出可控范围；另一种意思是指这就是生活。

13. The ball is in your court：现在就看你的了。

尽管上面这些短语或习惯用法都直接来自体育项目，但是"Keep the ball rolling"这条习惯用语却有着政治渊源。1840年，威廉亨利·哈里森和马丁·范布伦在竞选总统的过程中，哈里森的支持者们就当真滚动一个带口号的大球（直径在3.05～3.66米），从一个城镇滚动到另一个城镇为他们的候选人拉票。至于这个短语是否在这时第一次使用并不清楚，但是这种粉丝们为支持者滚球的行动使这个短语流行起来。

为了不让你认为只有在英语国家中才使用球类短语，这里列举一些其他语言中球类习惯用语的例子：在俄语中пробний шар（probny shar）的意思就是"测速气球"，从字面翻译成英语就是"探测球"。

九
意大利地滚球

意大利人给了我们太多东西：比萨斜塔、基安蒂红葡萄酒，当然还有世界上最伟大的艺术家和思想家。但是在球这方面，这个国家令世人无法企及的遗产是地滚球（bocce balls）。

用球来击中目标的想法最早来自埃及。现在我们知道希腊人也玩过这种游戏，希腊的医生把它称作"复位活动"。但是罗马人对这个运动更加狂热。据说在罗马与迦太基（非洲北部的古代城邦）的3次战争期间，罗马士兵在休息的间隙都玩这个游戏。后来，国王奥古斯都也成了爱好者，这就给这个游戏增添了高贵的意味。人们实在太喜欢这个游戏了，所以任何差不多的东西都可以当作球来使用。最早投掷的是石头，但是罗马人也使用过从非洲弄来的椰子。最终决定用橄榄树的木头来制作投掷物。

罗马帝国对地滚球游戏的热情促进了它的发展，每当士兵们征服一处新的领地，他们也把这个游戏传播到那里。所到之处的人们又给这个游戏添加了新的元素。在法国，它发展成为法国地滚球；在英国则进化成草地保龄球。这二者有很大差异，实际上是两种不同的游戏。法国人喜欢使用的是金属球，英国人用的则是表面不太光滑的重量较大的球。

地滚球游戏是意大利文化中重要的一部分，贯穿罗马帝国的始终。文艺复兴时期，伽利略喜欢地滚球游戏，意大利民族英雄、作曲家威尔第更是地滚球游戏的专家，法西斯贝尼托·墨索里尼也曾下令让士兵们玩这个游戏。但是所用的球在漫长的历史过程中有了很大的变化。现代的地滚球游戏是真正的圆球形状，由坚硬的聚乙烯塑料制成，尺寸与垒球大小差不多。有一个塑料的或木头的球作为目标球，叫作普利诺（pillino，音译）——大小就像一个高尔夫球。

数据与事实

尺寸：大的地滚球直径为11.43厘米，重约1千克。普利诺重量不等，直径在3.49～6.35厘米。

名称：bocce是boccia的复数形式，它的意思是"球"，来自通俗拉丁语bottia一词，意思是"老板"。据推测，这可能是国王奥古斯都为这个游戏起的名字，或者也可能是因为圆形的球更容易抓握。

十
保龄球

　　弗莱德·福林兰斯通可能从来没雇佣过化学师来帮助他改进保龄球（bowling ball）。这个想法似乎比他的快传技术更令人惊异。另一方面，如果他是20世纪70年代专业投球手，他也不会反复考虑这一点。尽管保龄球在历史上被认为是工人阶级的运动，但是保龄球的演变过程却复杂到恐怕只有博士才能理解。

　　保龄球运动可以追溯到5 000年前的埃及，当时的人们爱向柱子上砸石头。公元前300年，在德国人的游戏中，人们用柱子代表异教徒，而球则代表正义。考虑到这一事实，马丁·路德·金显然是一位狂热的保龄球爱好者。19世纪，这项运动经由德国人和荷兰人传播到了美国，它一入境就成为一项大受欢迎的娱乐项目。1819年，华盛顿·欧文在他的著名小说《瑞普·凡·温克尔》中讲到了"九柱比赛"（nine-pin contest）。随着时代的发展，保龄球渐渐演变成一项赌博活动。据说，在

1841年，由于康涅狄格州当局将这种"九柱比赛"列为非法活动，随后就出现了"十柱比赛"。保龄球比赛的组织者们为了逃避法律漏洞，在"九柱"基础上加了"一柱"。

在这一阶段，已经不再使用石头，取而代之的是坚硬的愈创木，它是制作保龄球的首选材料。

从波多黎各或南美舶来的保龄球需要经过特别的处理才能适应本地相对比较寒冷的气候。经过恰当的涂油处理，木质的保龄球球面就能经受无数次的撞击。然而，想要得到滚圆的、重量大的保龄球实在是非常困难。

20世纪初，真正意义上的科学开始进入保龄球领域。1905年，一种叫作Evertrue的橡胶混合物制成的保龄球的质量超过了木质球。经过硫化定型的橡胶球可以毫不费力地在球道里滚动。不过还需要一道程序来使橡胶材料具有一定的重量和硬度，这样才能保证球不变形。这种新材质制成的保龄球具有较强的稳定性，但是在人们的视线中只做了短暂的停留。它存在了不到10年之后，当时著名的台球制造商布伦兹维克发明出一种叫作Mineralite的保龄球。公司非常敏锐地支持他的发明。布伦兹维克解释说，Mineralite里面有一种神秘的橡胶化合物，并且他开始了为期8个半月的销售旅行，到伦敦、柏林、巴黎、罗马、孟买、马尼拉和香港这些喧嚣发达的大都市举办展览，把这种球推向了世界各地。Mineralite保龄球作为标准的保龄球持续了几乎半个世纪。

在20世纪70年代迪斯科盛行的时候，聚酯给科学家们提供了材料研究的新领域。聚酯材料的保龄球可以让玩家们克服球道上的油，便于直线投球。从材料文字上来看，玩家们可以选择与自己衣服的材料相配的保龄球。至此，有了不同强度和不同材料的保龄球，软保龄球和硬保龄球，塑料保龄球和橡胶保龄球之分。专业的保龄球选手在每次比赛中至少要携带5种保龄球，以便在不同的位置选用最合适的球。

但是麦秋恩，这个颇有抱负的专业人士并没有满足于当时各种各样的球，他进一步研究，终于突破了制球的技术障碍。麦秋恩是职业保龄球巡回之旅时出现的一位中等保龄球玩家，他开始考虑自己修理用过的保龄球。他找到机会向一位化学家请教能使球软化的方法。尽管较硬的聚酯尼龙便于直线投球，但是他仍然希望能找到一种更软的球，能够比市面上的球更精准。这两个人发现，如果把传统的保龄球浸在一种叫甲苯的化学溶液里就能足够软化，可在涂油的球道上运行得更好。1947年，麦秋恩开始带着成桶的甲苯溶液一个城镇一个城镇地宣传。结果令人印象深刻：由于这个原因他赢了6场比赛，并从此开始赚了大钱，成为当年最知名的保龄球选手。

当麦秋恩开始把保龄球浸泡在溶液里之后,其他选手纷纷效仿。在加利福尼亚的雷德伍德城中的一场赛事上,160名保龄球手把浴缸和水桶中都倒满了化学溶液。这引起了消防官员的注意,他们禁止非专业的化学剂师营业,担心这些极度不稳定的溶液会意外燃烧。专业保龄球爱好者协会也开始禁止麦秋恩的浸泡行为,并给保龄球的硬度制定了一个标准。当然这个标准也留有余地,但是那些超软的球,比如麦秋恩发明的球就在被禁止行列。

虽然受到了一些限制,实验室的专家们仍在试图寻找突破(这回是在规则允许的范围内)。在20世纪80年代,氨基钾酸酯(尿烷)制成的保龄球在准确性和耐用性上有了提高。接下来是无功氨基甲酸乙酯。后来加上电脑校准技术,在保龄球里面添加的重量可以精准到满足每一个保龄球玩家的需求。这种球直到今天依然可以见到,而现在最受欢迎的是fred flintstone品牌的保龄球。

数据与事实

尺寸:保龄球的直径是21.59厘米(0.24厘米的变化是允许的),重量必须不超过7.26千克(重量没有最低值,但是在美国盟友中他们推崇的最轻的球重量是2.72千克。)

变化:保龄球中的十柱戏保龄球(candelpin)和鸭柱戏保龄球(duckpin)使用的是小球和不同的柱。十柱戏的球直径是12.7厘米,重量不能超过1.7千克;鸭柱戏稍微小一些。十柱戏的棒是细长的,鸭柱戏的棒是矮胖的。

名称:考虑到保龄球的发展,专业保龄球爱好者协会试图逐渐增加职业玩家的难度。根据球道的条件,组织者采用不同的油型来降低球的准确度。球道油型的名字非常有吸引力,比如毒蛇油、鲨鱼油、蝎子油、猎豹油以及变色龙油等。

十一
板 球

温斯顿·丘吉尔曾经说过:"提高意味着改变,完美意味着经常改变。"当然,他当时谈论的不是国内备受人们喜爱的板球运动使用的板球(cricket ball)。在网球运动中,发球可以有突发奇想的变化。一只棒球在被罚下场、打破和丢弃之前,通常只能被抛投六七次。但是在板球测试中,一个球在被新球替换之前必须至少要能承受480次的击打。说得透彻一点,那就相当于一个球能用两场比赛一样。

对板球手来说他们不喜欢改变所用球。尽管是谁提出的用图标缝缀板球接缝还有争议,但是许多历史学家认为这种设计始于1760—1775年之间,自那以后板球的样式就一直保留至今。球的颜色大多保留了樱桃红(很多人认为这是在黄昏时能看清球的最佳颜色),尽管近期出现的夜间球赛也使用了白色球

和粉色球。

板球的事件都与改变相悖，那是不是意味着板球就永远不会像丘吉尔说的那样达到完美了？绝对是——但那也未必是件坏事情。事实上，那些不完美在塑造这项运动方面发挥着很大的作用。许多板球技术都是基于球在使用过程中造成的破损和隆起才发展起来的。当球又新又硬的时候，球队就会派出一名快投手，他能够一个弹跳投掷出高速球，然后弹回。（板球与它的美国远亲不同，在被击向墙体时通常只反弹一次）。但是当球变软之后，那些能够利用旧球打出更多战术、擅长投旋转球的球员就有了用武之地。

可能丘吉尔和这些"不愿意改变"毫无关系。他不是一个板球迷，但他对于运动员在板球出现破损或使用故障时还坚持继续比赛很不理解。丘吉尔确实说过："运动比赛的条件必须相同。"但是在板球运动中，想方设法破坏比赛规则、违规造假球由来已久，且仍在不断发展。比如允许选手用唾液擦球来使球变得光滑，但是不允许使用附加材料或现场造成磨损。板球老前辈认为尽可能地保持球的原始状态才是成功的关键。但是在最近几十年里，投球手开始意识到球的些微变化能使它运行得更好。凡士林，或者一个软的饮料瓶盖，甚至是一个吃了一半的棒棒糖，都可能出现在板球比赛丑闻中。很显然，糖是增进旋转的一种很好的物质。某位选手坦言他用嚼薄荷糖时饱含糖浆的唾液帮助自己赢得了关键的比赛。尽管丘吉尔是个爱谈论的人，但我不知道他是否有与这件事相关的言论。

数据与事实

尺寸：一个正规板球的周长为22.38～22.86厘米，重量为155.93～163.01克。

早期历史：有关板球最早的文字记载要追溯到16世纪晚期。有材料表明，在16世纪50年代吉尔福德的萨里（位于英国东南部）举行过板球比赛。

建设：在一份1853年英国球类物品名目中，软木、毛绒线、大麻植物纤维、棕色燕麦、牛羊的板油、猪油、明矾、陈啤酒，以及龙血尸都被列入板球生产商的原料清单中。今天，板球手们喜欢那种用软木橡皮合成物和羊毛线做内核，外面用硬皮革做外料制作出来的板球。制作一个现代的品质一流的板球可能需要75天的时间，制作流程中最繁杂的一道程序是对5层软木和毛线进行人工压缩。

名称：一个惯用右手的投球手投出球，在撞击到地面后出乎意料地向右弹起，这叫作googly（曲线球）。这项技术由英国人伯纳德·博察基特发明，该术语来自一个新闻报道员，他说这项策略使得观众的眼球跟着转动。据说cricket（板球）一词来自一个古老的法语词汇"croquet"，意思是"在球赛中用来当作目标的棍子"。

十二 槌球

槌球已经在经典文学中得到认可,它引发了一个总统丑闻,许多美国著名的作家、演员,以及外交家都喜欢玩槌球(croquet)。

这项运动起源于19世纪30年代的爱尔兰,是维多利亚时代英国的祝酒仪式。在《爱丽丝梦游仙境》中,爱丽丝有一次离奇的槌球经历——用火烈鸟做棒槌,用活刺猬做球,从这一情节可以看出槌球在当时文化中的地位。在槌球发明后的20年里,它被成功地传到了大西洋的另一边。槌球在路易莎·梅·奥尔科特写的《小妇人》一书(1868—1869年出版,两卷)中一经出现就受到了美国人的关注,并在美国东北部的

富人圈子里流行起来。同时，它也为美国第19届总统拉瑟福德·伯查德·海斯赢得了一个"贪婪的拥护者"的名声。由于他对槌球的喜好是如此强烈，以至于他挪用了公共基金来购买精致的黄杨木槌球，据说在归档时他把这项开支划到了白宫维修的名目之下。由此引发了一场党派骚动，他们强烈要求海斯为他的精品槌球给国会赔款。他的民主党派敌人撰文挖苦他："他本应该买10美元一套的槌球，但是他认为没有什么能比黄杨木的更符合白宫，于是他愿意再多花6美元，一笔用他的私有财产永远承担不起的花费。"

至少海斯的品位不错。英国人像对待一门科学一样认真地去精挑细选适合制作槌球的最好的实心木料。起初，当地一些树木的差异引起激烈争论。在槌球最初的规则制定者中有人坚持认为柳树和栗树不符合制作槌球，悬铃木则正好。另一些人坚持使用山毛榉树。然而在美国池塘河畔的枫树也是一个很受欢迎的选择。最终，土耳其的黄杨木成为标准。正如海斯所了解的那样，槌球也需要适当的保养，专家们建议选手们在停赛期间可以在球上涂一些亚麻籽油。

槌球在15世纪初期的时候失去了生机，因为那时比赛所需的修剪精致的绿色草地变成了生机勃勃的草地网球赛场，但是美国一些富有的知名人士并没有拒绝这项休闲运动。著名的知识分子群体阿尔贡金圆桌会议的成员们都玩槌球，像W.艾夫里尔这样的华盛顿政府人士也在打槌球。在好莱坞，亨弗莱·鲍嘉、斯宾塞·屈赛、达里尔扎·努克和萨姆·戈尔德温等超级巨星们也都很喜欢这项运动。著名的喜剧演员哈里·马克思是这项运动最大的推动者，为了能让自己的槌球和其他的一些设备有更适宜的环境，他在房子里安装了专门的空调室。

槌球在制作时要达到一系列的规格，但是关于木料的争论已经不再是问题。现代的槌球里面一般是空的，使用一种合成材料的模具把尼龙开发的新材料和聚亚安酯等材料合在一起。此外，制作过程中还应用了各种沟槽模式来提高它的性能。有趣的是，坚固的木质槌球现在是最便宜的槌球了，并且只有在低档次的娱乐比赛中才会被用到（当然，这些比赛中也有使用正规槌球的）。

数据和事实

尺寸：球体的直径长约9.21厘米，重约0.45千克。

球的颜色：在一局槌球比赛中会使用4种颜色的球，其中蓝球、黑球对红球、黄球。在更完整的比赛中，也会用到粉色、棕色、橘黄色和绿色球。这些颜色是怎样被选定的尚不清楚。现代的组织者说这是一种冷暖色调的对比，比如蓝色、黑色对应红色、黄色。还有一种理论说，是在维多利亚时代英国槌球运动的形成时期，在当时最鲜艳也最容易获得的颜料的基础上选择出如今的这些颜色的。有一本早期关于槌球运动的书籍中这样写道，有多少球就尽可能涂多少种不同的颜色。颜色越丰富，在草皮上的现场效果就越好，比赛就越令人愉悦。

名称：1856年，在英国出台了第一套槌球规则，"croquet"是这项比赛的名称。这一名称的来源可能是爱尔兰的运动术语：crookey。当时采用类似法语发音的词是一种市场推广策略，同时也引发了槌球在各个大陆上大放异彩。另一个理论说，这一名称来自croche一词，指的是14世纪的法国牧羊人在一种类似槌球的运动中，用弯曲的棍子来击打槌球通过圆环。

十三
健身球/瑞士球/抗力球

起初,健身球(exercise ball)的诞生地让人很迷惑。在世界各地的健身馆中常见的那种大的健身球是由意大利塑胶生产商阿基利诺·科萨尼发明的,最初叫作瑞士球。但不要指责科萨尼,他将自己的发明命名为"体操球",并且在1963年将它推广销售到体操领域。在瑞典巴萨尔一所学校读书的美籍学生们在健身球的发源地接触了这种球。这些正在发育期的体疗师正在学习怎样把这种球运用到理疗过程中。当他们回到美国,就把这种有魔力的球带到了欧洲中立军队医院。

这种健身球一到达美国本土,就被应用到了神经病学和整形外科的医疗中。但是很快,那些精英运动员的教练们就发现这种球可以作为提高身体核心力量的有效工具。通常,用大的摇晃的球来做运动,必须调动内脏周围的肌肉参与工作,这样就帮助人们长久地保持健康。早在1986年,圣弗朗西斯特49岁的橄榄球四分卫乔·蒙大拿就宣称自己在手术后使用健身球锻炼,这使他的背部奇迹般地康复了。仅仅6周之后,蒙大拿重返美国橄榄球赛场。

20世纪90年代早期,健身球主流趋势是使用在交叉领域。一个在瑞典受过训练的科罗拉多州当地人,投资了3 500美元到健身球的销售中。5年内,他的销售额就超过100万美元。如今,在几乎所有的关于职业运动员训练的电视或电影片里都不难发现会有健身球。2005年,英国报纸《电报》栏目报道在澳大利亚,英国板球队战胜了雅典队,并且18年来首次在受到热议的测验系列比赛中击败澳大利亚队,他们称赞健身球的作用功不可没。"英国板球队员摇身一变成为令人震惊的运动员",

《电报》这样评价,"这主要归功于健身球———一种橡胶球,看起来就像一种70年代用熔岩灯和可充气扶手环绕的座椅装置。"

健身球狂潮迅速席卷世界。2000年,销售商们开始宣传它的其他用途。这种球也已成为临产孕妇的一种有用工具,据说这种大球可以减缓压力,增加松弛感,帮助宝宝的降生。在这种情况下它被叫作分娩球。其他人则认为这种球是椅子的绝好替代品,说是这种球既可以锻炼腹部肌肉,又可以促使保持好的身姿。这种理论对于全北美办公室的很多职员都很受用。此外,加拿大的很多学校甚至用各种彩色的健身球来取代教室里的座椅。

然而有些人却不认可健身球的重大效果。加拿大滑铁卢大学的研究者们发现坐在球上而不是座椅上可以导致很多复杂的结果。他们警告说,对于一些背部疼痛的患者,这种球可能会导致疼痛加剧。科学家同时也警告说使用这种球甚至有变成植物人的可能。

更糟的是,这些有弊端的球已经造成了很多运动员的陨落。2009年,在圣弗兰西斯特,一个名叫加西亚的萨克拉曼多篮球队的前锋躺在健身球上举重时,一个健身球突然爆裂,致使他的手腕严重受伤。佛罗里达大学的篮球队员哈德弗里克在类似的事故中曾弄伤了双手手腕。然而这些案例并没有遏制生产商。事实上,意大利的健身球之父科萨尼,仍然在不断地改进他的技艺。他的公司宣称,一款新的耐用设计排除了健身球突然爆炸的可能。

数据与事实

尺寸:生产商推荐不同身高的人使用不同尺寸的球。3种传统的尺寸是:55.88厘米适合矮小身材的使用者;66.04厘米适合中等身材的使用者;76.2厘米适合高等身材的使用者;40.64厘米的球适用于孩子。充满气的健身球重量在453.59～907.19克。

奇闻轶事:2009年,《德卢斯新闻报》曾经报道过,住在尼苏达州德卢斯明的一名男子试图闯进一医疗建筑物内而被逮捕。他声称这一举动是因为他对颜色鲜艳的大健身球有着无法控制的恋物癖。

名称:健身球或瑞士球的叫法和它的用途几乎一样多。除了上面提到的,它的名字还有:生化球、健身房球、平衡球、比拉多球、分娩球、治疗球、躯体球、体操球、减肥球、瑜伽球等。

令左撇子讨厌的球

诚然,顶尖的左撇子棒球投手每年能赚到的钱超过1 500万美元,但是并不是每项运动都欢迎左撇子。比如:

1. 曲棍球。所有的曲棍球棍都是在击球的一边是平的,另一边是圆的。官方正式的曲棍球棍都是为惯用右手的人制造的。

2. 回力球。回力球禁止用左手接球和投球入篮。用来投球的篮筐也必须绑在右臂上。

3. 蹴鞠。在这项古老的运动中,必须用右脚踢球。

4. 马球。玩家在马背上用来击球的木槌只能用右手来拿握。

十四

陆上曲棍球

谈到现代运动陆上曲棍球（field hockey ball），可以说该项运动最初的规则制定者似乎并不理解球的一般概念。陆上曲棍球的不同样式要追溯到埃及人，他们的早期文化决定了各种各样的球（个人喜好：澳大利亚土著居民使用一种长在树上他们称作Dumbung的像梨一样的果实来打球）。但是，在19世纪，伦敦东南部布尔西斯地区的一个俱乐部将该项运动写入法典，当时他们颁布的法令规定将一种很重的全橡胶立方体作为标准球。

有很多理由可以证明立方体对于球类运动不是一个好的选择。显而易见，立方体无法滚动。所以当橡胶的立方体笨拙地弹跳时，那些活泼的运动员们不得不想出各种策略来对付这

个"球"也就不足为奇了。他们的所有方法都是充满暴力的，这与英国维多利亚中上层人士的情感格调完全不符。所以，到1871年，在伦敦西南部的特丁顿郊区，一套新的规则出现了。值得庆幸的是，他们的努力使得陆上曲棍球变得更加优雅，那些立方体被淘汰，取而代之的是一种被涂成白色的板球。这种球很容易用棍子击打，被击打后球的滚动能力很强，这两个特点把这个游戏推向了更大的成功。后来，爱华德国王七世的儿子克拉伦斯公爵，是该项运动早期的接纳者之一。他把特丁顿规则传播到了他曾经学习过的剑桥大学。当圆形的球被用作比赛用球时，那些曾经不愿意使用立方体的女性，也被曲棍球比赛吸引过来。曲棍球很快成为英国皇室中最流行的女子户外团体游戏。

对球的改进也一直在进行：板球上的缝线被去掉，变成了一种无缝圆球。后来，更加坚固耐用的塑料外壳取代了皮外壳。当人造革成为国际比赛使用材料的标准时，一种带有凹洞的球（有点像大一些的高尔夫球）被引进来。人们发现这种球在某种人造草地上能比那些光滑的球更好地滚动。球的尺寸在过去的这些年里一直没有改变。我们能够想到，光是废除立方体球就够让组织者感到轻松的了。

数据和事实

尺寸：规格与板球大体相同：周长为22.38～23.5厘米，重量是155.93～163.01克。

语言：曲棍球这一术语可能来自法语词汇"打嗝"（hocquet），同时也是早期英国对于弯曲木棍的俚称。现代这一比赛名称的由来可能都是源于这些。

十五 沙 包

沙包（footbag/hacky sack）是一种在奇妙的机缘下偶然被发现的球类运动。1972年夏，约翰·斯托尔伯格和麦克·马歇尔这两个和我们一样的普通人意外地在俄勒冈城偶遇。巧合的是，斯托尔伯格的膝盖受伤当时正处在恢复期，所以他在试图寻找能强壮关节的办法。正巧马歇尔平时喜欢踢一些小沙包——被他称为"哈克袋"，它对关节恢复是有帮助的。他们两个在一起连续踢了好几个小时的沙袋，最后得出了一个结论，这种沙包将会是一个很好的商机。

斯托尔伯格和马歇尔的第一个沙包并不是一种真正的球，它只是装满了大米、豆子之类植物种子的小袋子。高端的沙包外壳一般是用兽皮做成的，大多是牛皮或猪皮。更多的普通沙包是用丁尼布做成的。1976年，斯托尔伯格获得了发明专利，沙包里填充的是满满的玻璃扣，并有了圆形的雏形——虽然看起来有点像一个小型的曲棍球。

1974年，马歇尔不幸死于心脏病，但是斯托尔伯格继续推进着他们的发明。正如他们最初所预料的那样，沙包最终获得了成功，赢得了许多大学生和高中生的喜爱。他们围在一起玩这种没有竞争性的踢沙包游戏。1983年，沃姆·欧意识到沙包很有商机，他之前就曾经购买过类似飞碟、呼啦圈、超级弹跳球这些风靡一时的产品的生产权。于是，他从斯托尔伯格手里买下沙包的专利权。沃姆·欧不仅仅把沙包当作一个有趣的游戏进行宣传，还将它吹捧成是一个足球训练器——这一举动使沙包成为现在的圆形。

沃姆·欧没有控制住市场，竞争者迅速地入侵进来。针织的球特别受欢迎，因为它们看起来就像是奶奶编织出来的，所以被称为"奶奶的沙包"。沙包最初专利中的玻璃扣被樱桃核或者人造珠子所替代。因为玻璃扣容易坏，玩到最后就只剩下沙子状的东西了。讽刺的是，沙子是现代最普遍的填充物。现在我们使用的其他填充物包括小钢球和塑料颗粒。外壳也十分多样化，羽毛、树脂、纱线和人造绒都是人们非常喜欢的。

虽然斯托尔伯格卖掉了沙包的专利权，但是他仍旧为自己是沙包的创始者这个角色感到自豪。2006年，他估计自从发明以来，卖出的沙包已经超过2.5亿万个。谈到他和马歇尔相遇从而促使这项运动得以发明时，斯托尔伯格说他认为并不是运气使他们俩相遇这么简单。"马歇尔的死是毁灭性的"。斯托尔伯格曾说："我们从彼此身上获得勇气，但是我也相信，上帝告诉我有责任去完成麦克和我共同开始的事业。"

数据与事实

尺寸：沙包的直径在2.54～6.35厘米，重量在20.13～70.02克。这是根据比赛要求来决定的。

比赛用鞋：玩沙包的老手认为阿迪达斯的Rod Laver网球鞋是玩沙包的一个好选择。世界沙包协会甚至提供了能够发挥出最佳水平的鞋带系法。

沙包的友谊：沙包组织的官员相信沙包是缓和国际关系一个非常理想的礼物。在2002年，渥太华、安大略和加拿大的警察在八国集团会议上送给了抗议者一个七彩的沙包。多年以来，比利时棒球国家队在比赛之前都会送给对手沙包。但是为什么大家都把沙包作为象征和平的礼物始终是个谜。

名称：熟练的技法当然是指能把沙包保持在空中不落下来，dexterity（灵敏），或者是简写Dex，是艺术领域中的术语，它用来描述沙包在空中时用腿绕着沙包划圈不使沙包落地的这个动作。

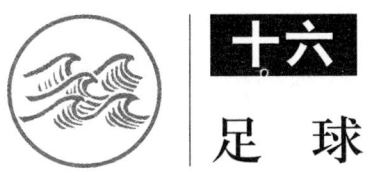

十六

足 球

　　足球（football）可能是唯一的一项由于球的改进而直接挽救了人类生命的体育运动。在漫长的几十年里，该项运动的参与者所使用的球从英式足球发展到各式各样扁长形的球体（prolate spheroids，一种对椭圆球较为流行的叫法），并且在此演变过程中，足球也从一项致命的危险运动演变成虽然激烈，却不会致人死亡的一种运动项目。

　　第一次得到广泛认可的美式足球比赛是1869年斯拉特格斯队和普林斯顿队之间的比赛，这原本是一次美式橄榄球比赛，但实际上更像是一场足球比赛。最惹人注目的是，比赛使用了一种圆形球，并且禁止用手抛球和带球跑，相反只能踢球。这个规定并不奇怪，因为如果一直使用之前那种笨重的

球,那么现代足球的许多技术动作根本无法进行。这次使用的圆形球引发了一项冒险性的建议,并且由于它有中场漏气的可能,运动员们不得不轮流把它吹起来。

所以说,足球比赛中带一点美式橄榄球色彩是必需的。比赛用球正朝着现在使用的足球方向发展。对于这一点,哈佛大学那些高风亮节的人为此铺平了道路。由于大多数常青藤联盟的对手都在玩英式足球,哥伦比亚大学的男生们也想要参与更加文雅一些的运动。于是在一场与加拿大麦吉尔大学的比赛中玩过英式足球后,他们成功地说服了普林斯顿大学、哥伦比亚大学以及耶鲁大学都采取了英式足球规则(有过61次修改)作为美国大学校际之间比赛的用球。结果,英式足球扁长的球体在1876年成为一种新的模式。

这种向英式足球的演变还不够完美。2001年《大众机械学》有一篇文章中这样说道:早期的足球"看上去就像个西瓜""并且也并不比英式足球更容易抛投"。但它确实顾及侧投和短距离投。到20世纪初,足球比赛变成了美式的,尽管仍然保留了一些激烈成分。"人墙"式防守和进攻就是这时候被加进来的。这些改变导致了更加不受控制的身体接触,也促使教练们发明出各种新奇的方法来防守球不被抢走。用于军事演习的"飞行楔"效果非常好。拦网队员仿造以连锁臂的特点排成"飞行楔"的形式,就能有效地击退那些可能出现的阻截队员。

这些革新可能是致命的。尽管有据可查的足球引起的伤亡总数不尽相同,但死亡事故的确时有发生。1905年,《芝加哥新闻报》宣称有18起足球伤亡事故。同一年,罗斯福总统也开始涉入。在目睹了自己的儿子,哈佛大学的大一新生西奥多受轻伤后,总统立即采取了措施。他把哈佛大学、普林斯顿大学以及耶鲁大学的教练们召集过来开了一次会议,建议对大学校际之间的比赛规则做出重大改变。

结果并非十分迅速。向前投球在第二年合法化,希望通过把球投向前场来降低比赛的危险。但是去接这种硬度很大的球仍然不安全。为使投球成为可行的选择,真正需要做的是一个更加符合空气动力的球体。所以,在1921年,随着之后更加自由化的传球规则,足球比赛之父决定抛弃这种西瓜似的球而采用一种更加修长的足球。那些有远见的教练把这一举动看作是一个巨大的机遇。巴黎圣母院的足球传奇克尼特·罗克恩在1924年帮助设计了一种新型足球,这种足球可以产生紧密的螺旋,从而促使四分卫跑得更远。到20世纪30年代,这种扁长球体的尺寸被调整到差不多和当今足球一样。球和传接技术的改变对防止死亡事故发挥了巨大作用。

1941年，美国足球联盟对他们的救命者感到无比自豪，他们给这种新球取了一个王室名字：公爵（取自巨人族首领之子惠灵顿，他的名字表达了对惠灵顿公爵的敬意）。尽管这种足球早期大获成功，但在1967年它遭遇到了挫折。那一年，美国美式橄榄球联盟和全国橄榄球联盟在第一次美国超级杯橄榄球大赛中对决。当这个突然崛起的联盟采用了一种稍微有所差异的球以后，公爵遭到了来自美国美式足球联盟的猛烈进攻。不同于美国美式联盟的可抓握皮革，全国橄榄球联盟的球在带黏性的表面有一种喷沙。美国美式足球联盟的球也有更长的条带，并且更为重要的是，它比美国国家足球联盟的款式更加具有线条流畅感和尖锐感。

这一争端也引发美国国家足球联盟绿色港湾队的先驱教练文思·隆巴迪嘲笑美国足球联盟的球看起来就像一个长的岛根香肠。对于第一次的4场超级杯橄榄球大赛，双方达成了妥协：每个队可以使用他们各自的球来进攻。（对于哪一种球更优越尚不清楚，因为以上两大联盟分列了第四个超级杯橄榄球大赛）当两支联盟球队出现在第四次超级杯橄榄球赛后，美国国家足球联盟的球队最终获得了胜利。

尽管现在的球能够毫不费力地在空中飞过，仍然有一些美国国家足球联盟队员对这种球的抛射能力发牢骚。对于开球者来说，更符合空气动力学的球体却不适合球的启动。多年以来，发球者对这种情况并没有太大的意见，因为他们拿到球后就进行处理。处理方法包括在铝箔中烘烤，用蒸汽熏蒸，在水中浸泡，然后用锤子进行捶打。目的是除去球表面的褶皱，以便使它能够满足发球手的需求。结果，到要将球踢过支柱或向相反方向发悬空球的时候，运动员会带上又圆又平滑的球上场，完成这些动作。

但是在1999年，一切都改变了。美国国家足球联盟要求比赛所用的12个球（在半球形的露天体育场比赛时用8个）都要标有K字母的商标，并且在比赛时每次只用一个球。一开始，官员们会在开局前两个半小时取来这些球，贿赂时间就很少。多年来，足球队员感到这些新规则造成他们只能踢自己无法熟练的球，连比赛都被破坏了。在2006年，踢球者和投球者都松了一口气，一次著名的失误带给他们重新来过的机会。那是在季后赛中，德拉牛仔队中的托尼罗莫在发一个定位球时突然啪的一声摔倒了，这使他们队输掉了这场比赛。一些人认为不稳定的K球是这次失误的主要原因。现在，规则允许每支球队在赛前45分钟熟悉K球。尽管有这样的规定，美国国家足球联盟仍然对K球严格管理，有专门K球协调官员被委派到每一个露天体育场观察K球在比赛中的动向，并且确保球不至于磨圆。毕竟，尖尖的球确实能够挽救生命。

数据与事实

尺寸：足球大小在27.94~29.21厘米长，长半径（两个尖头方向）周长是71.12~72.39厘米，短半径周长52.71~53.98厘米。球的重量是396.9~425.25克。

猪皮球：最初足球的外壳是用牛皮做的，但是由于当时是用猪的膀胱做里面的气囊，所以就有了"猪皮球"这一称呼。

手柄：尽管有了气囊的球可以不再需要手柄了，但是手柄确实方便抓握。后来，在球的中间位置就留下了用结实的皮绳围绕的8道花边。

奇闻轶事：在19世纪，比赛得分反映了该项目对"踢"球的强调。1883年的规则，投球得5分，触地后接球得4分，触地得分少于2分。

名称：ogive（尖拱顶，发音是 oh-jive）是指从足球的花边到尖顶的部分。在20世纪60年代，美国国家足球联盟使用的球比美国足球联盟使用的球ogive更圆一些，这也引发了许多争议。

十七 爱尔兰足球

"球的战役"——这就是2009年，著名爱尔兰运动历史学家南华科里在他的《爱尔兰足球历史》一书中对该球形成时期的描述。在19世纪晚期，爱尔兰足球与澳大利亚足球一样，是以英式足球和英式橄榄球的"混血儿"形式出现的。与澳洲人不同的是，爱尔兰人没有为球的形状而争论，他们在一开始就明确了一点，所用的球必须是圆的。事实上，最初的规则发表于1885年，那时已经要求必须使用适合滚动的球体（甚至椭圆球都不适合），至于球的规格则没有详细规定。

那么冲突是什么呢？在19世纪的最后几十年，一场关于哪种球类运动更能赢得爱尔兰民众的争论开始了，是新兴的爱尔兰式足球（gaelic football）还是英式橄榄球？是圆球能占上风还是椭圆球能占上风？答案很简单，爱尔兰的骄傲不会被否定。成立于1885年的爱尔兰运动员协会的首要任务是保护圆球。这种努力在1902年爱尔兰运动员协会颁布了外国运动的禁令时达到了顶峰阶段。该协会的任何成员只要参与或支持非爱尔兰运动，特别是英式橄榄球、足球和板球都会被开除，而且毫无例外。一个重要的赞助商因为参加了国际足球比赛而被踢出了协会；还有一个著名的运动员在参加了一场由英式足球俱乐部赞助的舞会之后也被开除了。

这些苛刻的措施被出版成册，直到1971年最终获得了成功。爱尔兰足球，一个融合了英式足球和英式橄榄球元素且有点野蛮的运动项目，成为所有爱尔兰民众大力欢迎的运动。然而，关于使用统一规格的比赛用球的规定并没有立刻开始。早在1886年，一个都柏林体育用品店提供了一种独特的爱尔兰足球，还有英式足球和橄榄球。但是当时的足球一定是有很大差别的，因为那时有一个传统就是参赛队可以使用自备的足球各打半场比赛。

尽管没有采取橄榄球的形状，早期的爱尔兰足球仍然很重而且并不完全是圆形，体积也非常大。有一张1887年的科莫里克球队的照片，上面展示了一个直径与小型沙滩足球差不多的足球。但是无论什么尺寸，在潮湿的爱尔兰草地上皮革球都不可避免地会浸水和变形。为了解决浸水问题，运动员们发明了一种沿着地面传球的新方法。这种传球方法因为在球上加了防水材料后随即被宣布为违规。

爱尔兰运动员协会最终与一家独家供应商联手，最终制定了一个和篮球大小差不多的尺寸，表面与橄榄球相似的版本，这成为爱尔兰足球的标准。

数据与事实

尺寸：爱尔兰足球的直径大约是25.4厘米，重量368.55～425.25克。

奇闻轶事：在1947年，爱尔兰运动员协会把爱尔兰足球传播到美国。由于美国有大量的爱尔兰人口，该协会认为爱尔兰足球可以借此占据沉闷的棒球场和马球场而获得众多球迷的喜爱。

语言：Gah是爱尔兰足球运动的缩写。

十八
高尔夫球

那些想要赞美高尔夫球（golf ball）的人，一定要感谢印度教的毗瑟挐神。这个无所不在的神在推动高尔夫球向现代形式的转变过程中所起到的作用值得我们称赞。令那些高尔夫发源地苏格兰人懊恼的是，在毗瑟挐发明高尔夫前有将近几个世纪的时间他们撞击的是硬木球，通常是黄杨木球。可是它很少能滚动到将近100米的距离，所以到了15世纪的时候，工匠们就想出了一种装有羽毛的高尔夫球。

这种装有羽毛的高尔夫球比现在的高尔夫球要小一点，飞行的速度可以是原来木球的2倍，但是需要经过非常严格的工

序来制作。那些细长的皮条需要浸泡在明矾中,经过手工缝制在一起,然后在里面填充煮沸了的羽毛(通常是天鹅绒)。当时有一个工匠用一个叫作brogue的金属棒往球里面塞进相当于一个高帽体积的羽毛。这种手工缝合而成的球,会随着毛皮受潮而收缩或羽毛膨胀而变硬,所以需要给它涂上一些油来增加它的防水性。这些令人头疼的制作工序意味着在一天之内仅仅能做出4个或5个球而已。对于球的制作者来说也是无比艰难的任务。他们常常会患上哮喘,或者因为饱受填充羽毛时用金属棒抵着胸膛受的各种伤害而过早死去。

花费这么大力气制作的球自然不便宜。在当时那个人们对这种球超级狂热的年代,自然有人对它实行垄断,使球的价格一度曾高出一般价格很多倍。1618年,詹姆士·梅尔维尔成功地从詹姆士国王那里获得了高尔夫球的独家生产权。正如人们所知道的,梅尔维尔并不是真正的制球手,但是由于有了国王的指令,任何想要从事制球工作的手艺人都要先从梅尔维尔那里获得许可证。尽管这种垄断仅仅持续了21年,但它确实导致了带羽毛的高尔夫球比原来的木球要贵12倍。由于昂贵的价格,高尔夫运动自然被限制在上层阶层。

1843年,毗瑟挐降临印度,实际上,它是印度人心目中的上帝。在圣安德鲁斯大学教授罗伯特·佩特森博士家中供奉着这样一尊神像。但是佩特森家的这一座有所不同,毗瑟挐的样子被塑造成背着包裹的守旧派形象,质地是从马来西亚的人参果树上刮下的软胶。佩特森博士把这种有弹性的物质融化后用来当作鞋底,并把它叫作"杜仲胶"(gutta percha)。

佩特森博士的家住在高尔夫球的发源地圣安德鲁斯大学里,所以我们不会意外这位博士的儿子罗伯特·亚当·佩特森是一个狂热的高尔夫球迷,尽管他很受挫,因为神学院的学生一般买不起填充羽毛的高尔夫球。

目睹"杜仲胶"的出现过程,年轻的佩特森开始尝试用这种材料来制作高尔夫球。他的发明叫作gutty(有骨气的人),但还不太完美。gutty经常会破裂,而且它没有填充羽毛的高尔夫球飞得远。但是gutty比原来的那些球更能抵抗不同的天气,更重要的是,它的造价低廉。一只填充羽毛的高尔夫球可以买四五个gutty,前者是不可能大批量生产的。

毗瑟挐带来的馈赠品gutty在大约20年的时间内完全取代了填充羽毛的高尔夫球。很快,这个新发明推动了高尔夫球的发展。玩家们发现,gutty的外皮可以经得起在树莓丛来回碰撞,并且运行得更远。这时的gutty也开始使用复合材料,包括有弹力的胶性物质、栓皮粉和金属填充剂,使它的耐用性和可玩性都有很大提高。

尽管gutty的低价格确实是高尔夫球的一项重大变革,但是随着机械化和橡胶硬化技术的发现，它占据高尔夫球场的时间并不很长。不出所料，接下来固特异橡胶公司便成了高尔夫球革新的下一个突破者。他们的员工开发出一种叫作bounding billy（高尔夫玩家非常喜欢这个名字）的新球。这种新球里面是"杜仲胶"内核，外面是机器缝制的橡胶线。1900年，这个发明投入市场，正如它的名字一样比gutty的飞行距离远18.29～45.72米，并且能够轻松地飞过场地。这个飞行能力很强的球要求更开阔的场地，这就有必要重新设计高尔夫球场。著名的高尔夫球玩家博比·琼斯总结说："毫无疑问，高尔夫用具的巨大改变是历经多次低潮的高尔夫球的重大发展。"

从那时开始，高尔夫球运动朝着今天我们所见到的完善优雅的趋势发展。著名的体育用品制造商A.D.斯波尔丁几乎在每一项运动领域都有敏锐的触角，在20世纪的前50年里，他的公司推出了许多大受欢迎的设计。对于高尔夫球，他最大的创新是在球的表面设计均匀的窝坑，这一设计历久弥新。1908年，他被英国工程师授予专利，这种窝坑立刻成了斯波尔丁高尔夫球的典范。随后，其他公司开始了与这项最具空气动力学理念的设计竞争。

高尔夫管理者在1920年已经设定了球的直径和重量标准（随着时间的流逝，这些标准也发生了改变），所有公司都开始想尽各种办法来达到这个指标。科学家们这时成为控制内核和外壳各种要素的专家，他们可以通过计算改变球飞行的距离、高度、旋转、感觉、控制和耐用性。20世纪30年代，麻省理工大学毕业生建立了代表高科技产品的特雷斯特公司，成了高尔夫球的领导者。1999年，作为一个生产商，特雷斯特公司制作一则广告来解释新球里的高科技："你不需要成为天体物理学博士就能欣赏到特雷斯特的HP2保龄球。"看来在高尔夫球场上，科学已经取代了毗瑟挐。

数据与事实

尺寸： 标准的比赛用球直径为4.27厘米，重量约为45.93克。

名字来源： 多数学者认为golf（高尔夫）一词来自古日耳曼语club（俱乐部）。

变种： 美国高尔夫协会承认超过1 000多种不同的球都遵循该组织的基本要求。

奇闻轶事： 在19世纪80年代，纽约公爵，也就是后来的国王詹姆斯二世，曾在苏格兰当了两年的高级行政长官。有一次他面临高尔夫球比赛，为此他必须要找一位搭档。公爵听说有一位叫作约翰·彼德斯通的穷鞋匠非常厉害,他邀请这位普通人和他一起打。彼德斯通打得非常好,最后公爵和这位鞋匠赢得了比赛。公爵非常高兴,他把自己赢得的奖金的一半送给鞋匠,比鞋匠有生以来见过的钱加在一起还多。彼德斯通明智地用这笔钱在爱丁堡最好的街上建了一幢房子,他在门前雕刻了带有这位未来国王盾徽的留言:"远而且准",从此这里就成了一个知名的高尔夫球俱乐部。

设定目标:高尔夫球洞的直径约为10.8厘米,这是1898年确定的。

语言:1899年,美国人开始用bird(鸟)这个词来描述那些超级棒的击球。这一年,在新泽西州大西洋城的一场高尔夫球比赛中,有一位名叫艾布纳·史密斯的高尔夫球玩家把一次特别成功的击球叫作bird of a shot(小鸟球)。因为有了这个说法,后来就用birdie来表示高尔夫球中得分低于标准杆的击球;同时,用另一种人们印象深刻的鸟类eagle(老鹰)来表示得分低于标准杆两杆的击球。

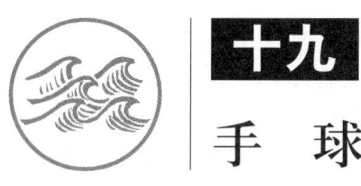

十九 手 球

如果想要寻找手球（handball）的定义，书本上能够给出的答案很简单，就像回答一个是或者否的问题。当然，你会看到解释说它是一种对着墙打的弹来弹去的一项球类运动，但这回答除了告诉你体育运动中多数球类的使用方式之外，别无其他。不论在美国、墨西哥、爱尔兰、西班牙、法国、英国等许多国家，关于手球的名称、比赛规则以及其他基本的动作名称都有很大差异。

用手掌击打一个小球的游戏可以追溯到埃及。中美洲人最先得到了用橡胶制球的方法，就此发明出了他们独特的手球运动。亚历山大大帝征服意大利时将这些游戏带到欧洲。在法国有一种运动叫作Jeu de paume（是手球和网球的先驱）。在苏格兰相似的运动叫作caich。就连哲学家伊拉斯谟也支持最初的手球运动，1527年他在《谈话》中称赞道："用手玩球比用球拍玩球高雅得多。"

到了16世纪，面对一面墙或多面墙的玩手球方式逐渐流行起来。在接下来的几个世纪里，几乎欧洲的每个国家都有不同的手球版本。西班牙语是valencia pilota或basque pelota，意大利语是pallone和pallapugno，英语是fives，爱尔兰语是handball（这些单词在各自的语言里都表示手球）。进入新世纪后，墨西哥的手球是Pelota mixteca。美国人借鉴爱尔兰的球类游戏创造出了自己的手球运动。当然，这些手球运动都有各自不同的球，并且对球的大小和重量有不同的要求。

对大多数美国人来说，人们最认可的是像炮弹一样的橡胶壁球。这种球很适合健康强壮的老年人在纽约的公园玩。在室内,他们用的是一种又小又硬的球(爱尔兰用的球更小)。在西班牙,也有很多不同的球,有牛皮做成的高尔夫球大小的vaqueta,也有布和石膏做成的垒球大小的球。Pallapugno用的球在直径上比galotxetes用的球小,而意大利所用的球更鼓、更轻一些。随着历史的发展,墨西哥人用橡胶球代替了回力球——尽管现在的手球使用的是人工合成材料,而且比过去的小球大得多。至于英国,球的大小和稳定性取决于你在私立寄宿学校里所接受的手球种类。在曾有18位首相就读的温莎豪华学校附近的伊顿大学,现代手球是由橡胶和软木的复合材料制成的。在英国中西部的拉格比,球的内核是用浸泡在液体橡胶中的软木做的,外面的接缝用胶黏合。新罕布什尔州的温彻斯特学校也有自己的手球运动。

很疑惑是吧?就连手球的专家也可能被这么多种类的球而迷惑。为统一这一运动已经花费了很大的努力,但还需要不断的探究。很明显,当谈到手球这一问题时,简单的是或不是已经无法回答。

数据与事实

尺寸:正如上面所提到的,我们无法确定手球的尺寸。但是,在美国最常见的手球直径约4.76厘米(可有约0.79毫米的出入),重65.21克(可有5.67克的出入)。

奇闻轶事:在美国,把手、闪光灯以及美国有史以来第一次有人驾驶的飞船的杠杆上都写着:禁止在此玩手球。约翰·格伦将标语牌放在太空舱来和飞行员艾伦谢泼德开玩笑。因为手球是飞行员训练的一部分。

名称:在纽约,击打在墙壁和地板相接处的球叫作crotch ball(胯下球)。

二十
回力球

忘记棒球吧。体育中真正的硬式棒球是回力球（jai alai pelota）。

不过，那些没有看过20世纪80年代电影《迈阿密风暴》片头字幕的人来说，回力球是一项和短网拍墙球或壁球规则相似的运动。实际上，回力球比赛在一个三面围墙的场地上进行，选手们每人在右臂上系一个叫作cesta的，用弯曲的柳条编织的篮子，轮流以极快的速度掷球和接球。目前的投球记录是每小时188米，速度在每小时150米以上较为普遍。

回力球从字面上来看是球的一种，但是它几乎是世界上唯一的每个专业用球都是手工缝制的一项运动。球的每次来回弹跳和移动都不是沿着相同的轨迹。回力球的内核是用巴西产的de pola橡胶线紧紧缠绕而成的。在这个内核外面一层层地包裹着尼龙线，再在最外面紧紧地裹上两层山羊皮（过去用的是盖鼓面和五弦琴所用的兽皮）。结果，这种球的大小大约是棒球的

57

四分之三,却比高尔夫球还硬。

它有多硬呢?回力球赛场最前面用来承受球撞击的那面墙用花岗岩来建造是一种传统,因为混凝土太容易因为高速的撞击而凹陷。花岗岩可以让墙壁保持完整性,球却没有这样幸运。从回力球的第一层羊皮开始脱落到球不能使用只有15~20分钟。每一个回力球馆都会有一个常驻的制球者,他不仅不断地制造新球,还要花时间修理旧球。每个比赛日结束后,制球者大概要修复将近20个打得变形的球,他要把旧球拆开再重新缝补好。有了制球者的细心维护,每一个回力球能用好几年,但是制造和修复一个球的花费在100~200美元,这还不包括手工的费用。

有一份报纸把回力球称为"运动项目中最致命的球",究竟有多少人因为这种旋转的球身亡尚不清楚。在美国体育全盛期间的1962年,《迈阿密先驱报》的一篇文章含糊地指出:"近年来,因回力球而死亡的人数是8人。"文章并没有指出事故发生的地点。1968年,在美国回力球最盛行的地区佛罗里达州开始强制佩戴头盔。此后美国运动员出现得更多的是像骨折这样的创伤,而不是死亡。

在这项运动的故乡西班牙,情况大不相同。这项运动起源于西班牙和法国交界的比利牛斯山脉地区,在那它被描述成"躲避死亡的游戏"。在西班牙,这项运动被称为cesta punta,是由手球发展而来的。传说cesta是在19世纪时,一个运动员在手球比赛时临时使用了母亲的柳条编织篮而发明的。回力球经由西班牙传播到了古巴和美洲的其他地区。在1904年圣路易斯举办的世博会上,回力球作为展品终于出现在美国(在比利牛斯语中的jai alai译为"快乐的节日",被铸造成钱币可以在市场上流通)。1934年,佛罗里达州使比赛赌注合法化,这项比赛因此成功地盛行了几十年。在1975年12月27日迈阿密的回力球大赛中,观众人数达到15 502人。

然而几年后,老虎机和赌场的出现使这项运动处于不利地位,使得回力球的未来和它的最大制造商的前景令人担忧。至少在这个行业中有关于这种状况的幽默故事。佛罗里达州回力球的制造者何塞·柏高冈·萨雷斯考虑到自己的事业可能结束,在2008年与劳德代尔堡的《太阳先驱报》讨论这个话题时,他表情冷淡地说:"我要学会怎样重新发牌。"

数据与事实

尺寸:回力球的直径5.08~6.35厘米,重量大约127.58克。
快速的动作:平均每场比赛持续13分钟。

名称：回力球的场地被称为"frotons"。场地（court或cancha）是由三面墙且范围大小固定（53.64米长，15.24米宽是流行的尺寸）。前面的墙叫作frotis，约12.19米高。旁边的墙叫作lateral，后面的墙叫作rebote。

不合法的球

法律对球类运动并不总是友善。历史上有很多伟大的领导者和不那么伟大的领导者禁止某项球类运动的例子。有人估计光是足球运动在英格兰就被禁止了至少30年。下面就是那些黑暗时刻。

1314年：英格兰爱德华二世禁止了足球（football亦称soccer）。公告称："由于在城中猛烈地投掷那些大球制造了很多巨大的噪音，这可能会唤醒被上帝囚禁的恶魔。我们以国王的名义要求严禁这项运动，违者处以牢狱之苦，这项法令现在和将来同样适用"。

1365年：英国爱德华三世把大量的球类运动列为不合法运动，其中包括推铅球和老式网球，它是早期曲棍球和陆上曲棍球的先驱。

1369年：法国查尔斯六世禁止了在早期被称为soule的一项球类运动。

1427年：足球在苏格兰被列为非法运动，这只是众多被禁止的球类运动中的一项（其他发生在1457年、1472年和1491年）。

1576年：威尼斯共和国禁止了室外地滚球。玩这种球的人发现后被罚款和关进监狱。

1835年：《英国公路法案》禁止在高速公路上踢足球。

1898年：草地保龄球在波士顿被禁止，因为在比赛期间出现了严重的赌博和酗酒事件。

1934年：洛杉矶禁止使用弹球机，因为考虑到它仅仅是靠运气的赌博游戏。其他城市包括纽约也有类似的禁令。

1988年以前：彩弹球在新泽西被列为非法球类运动，因为游戏中使用的枪被认为是枪械武器。在该州，这项运动在1988年5月2日被列为合法运动。

2009年：里约热内卢禁止在离当地沙滩50米的地方玩altinho的游戏，它是一项跟足球差不多的回合制游戏（在巴西称为keepie uppie），其目的是整顿沙滩的秩序，并且避免妇女和儿童在去海边的路上被球击中。

二十一

毛利橄榄球

很多球类都是独特的文化代表，ki就是一个这样的例子。对新西兰的毛利人来说，ki（在他们的语言中，意思是"球"）是用他们1 000多年前到达新西兰这块土地时就开始使用的一种土生土长的植物编制而成的球。

对毛利人来说，玩这种球是一件十分严肃的事情。这个民族的人赋予它重要的意义，代表着太阳永不落下。然而ki的尺寸大小不一。新西兰人使用亚麻或当地一种叫作"库卡"（kuka）的植物来编制这种球。球的上面通常带有编织的纽带，它有两个作用，一是游戏时方便用手拿握，二是把纽带解开就成为士兵训练使用的器具，叫作poi-toa或warrior poi。在进行军事训练时，士兵们通过投掷这种带绳子的球来训练他们的灵敏性、迅速性和柔韧性。在今天，编制ki被看作是一件非常特别的事情。第一次编制这种球的人甚至可以将自己的处女作当成礼

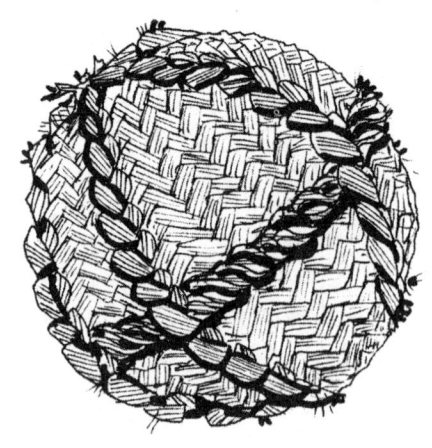

物送给家人或特别的朋友。

由于每一个玩这种球的部落都有自己的规则，所以历史上"Ki游戏"就有各种各样的名称，比如haka riki rahi kiarahi 和tapawai。但是在第二次世界大战后，它们的名字渐渐统一成一个：ki-o-rahi（意思是"球托起太阳"）。尽管ki在毛利人的文化中非常重要（或许就是因为这个原因），最早的欧洲移民者想要制止部落中的这种游戏。在19世纪70年代，他们用英式橄榄球取代当地的ki。由于毛利橄榄球游戏和英国人花费体力较多的橄榄球有很多相似之处，因此当地人在这项外来运动中表现突出。但是，人们还是努力地抵制"西化"，比如，第二次世界大战期间，Te Puea公主就劝说毛利人再重新玩回传统的"Ki游戏"。

在长久的政治上的你争我夺之后，ki-o-rahi终于在20世纪70年代被定为新西兰的国球。这种在圆形场地里进行的节奏迅速的对抗性游戏近年来又有复兴的趋势。不幸的是，目前ki已经被手球所代替。

数据与事实

尺寸：球的直径可以在15.24～25.4厘米间变化，但是大多数的ki大小在15.24～17.78厘米，重量56.7～907.19克。

美国的ki-o-rahi：2005年，麦当劳选择ki-o-rahi作为一套游戏项目之一教给全国3.1万所小学的学生们。据说当时这一举动引发了ki的潮流，以至于在美国玩的人比在本土国家新西兰玩的人数还要多。

名称：ki一词的单数和复数形式都一样。毛利作品《深呼吸运动：毛利人的体育项目》一书的作者卡尔·布朗说："我们可以根据上下文的内容知道它的单复数。举例来说，My nana made several ki（plural）.（句意为：我奶奶制作了几个ki。显然这里ki表示复数含义）和I couldn't find my ki so I made another（singular）.（句意为：我找不到我的ki了，所以又做了一个。这里ki表示单数)"。

二十二

噗嗤球

噗嗤球（koosh ball）的专利不偏不倚地把它描述成"一个看起来像个球形的娱乐玩具，有紧密结实的球心，向外发散出无数条浓密的有弹力的橡皮丝条"。人们能够看到这样一个玩具真要感谢它的发明者，不过有人曾经描述它看起来就像是一只豪猪。

噗嗤球是由2 000～5 000根明亮多彩的乳胶橡胶棒制成的，它的发明者是一个叫作斯考特·斯特林杰的设计工程师。当时他正为怎样教会他的两个孩子接球而头痛。对于一个5岁和一个8岁的孩子来说，一般的球飞过来，他们通常都抓不住。所以他在想办法制造一种容易接住的球，这种球的弹力不大，并且抓的时候不会痛。"我的直觉告诉我，橡胶丝球可以满足要求。"他在几年后回忆道。他设计的原型是一种能够产生吸力的（因此不会从孩子的手中弹走），很轻很柔且有延展性的球。斯特林杰非常满意自己的设想，于是他就把这个想法告诉了他正在马特尔公司做市场销售的姐夫马克·伯顿。

伯顿非常确信这个球能赢得市场，所以他和斯特林杰放弃工作开办了一个玩具公司卖这种球。噗嗤球一上市就受到关注。媒体纷纷嘲笑这种球。一位《体育画报》的作家把这个球看作《星际迷航记》中的晾纸架。也有一位记者把它比拟成"令人引起幻觉的海胆"。更令人无法乐观的是，很多资深的制造公司也不知道该用什么材料去制作这种球。在最初的一个展销会上，一位实力强劲的制造商代表削减了这种球的订单，并且说球上的那些软须是一个缺陷。

但是消费者却没有犯同样的错误。在1988年圣诞开始的时候,这种球一举成为最畅销的玩具。伯顿和斯特林杰没有停留在一种设计上,而是用各种方式去重新包装玩具,他们开发了一个大的版本叫作"巨无霸"(mondo koosh)连同一个链子。实际上,这种球新颖小巧且物美价廉,绝对有吸引力。1991年的《阿奇漫画》出版了一本"噗嗤球家族"的漫画书,里面塑造了6个鲜活的噗嗤球卡通形象(内赠玩具)。当然,这本漫画书只持续发行了几期。

也许是因为他们所谓"冲动的购买"的循环周期,也许是其他原因,伯顿和斯特林杰决定在1994年卖掉噗嗤球公司。那时候恰逢噗嗤球仿制品猖獗。1991年,前联邦最高法院大法官金斯伯格(Ruth Bader Ginsburg)拒绝承认噗嗤球的版权,这一判决促使噗嗤球有了其他的商标。尽管如此,在那个时候,公司依然卖了5 000万颗噗嗤球,自称每年纳税3 000万。噗嗤球又继续盛行。1997年,孩之宝公司用1.66亿美元收购了该公司。

在伯顿和斯特林杰离开之后,噗嗤球继续在市场显示出惊人的反弹力。喜剧演员罗西·O.唐奈经常在她的脱口秀节目上向观众投掷噗嗤球,这档节目从1996—2002年一直热播(但有位上年纪的女士在2001年被节目中所抛的球打到脸部后起诉了该节目)。噗嗤球也被当作儿童自闭症和阅读障碍等各种错乱症状的治疗工具。

到了2010年,一家名为"基础乐趣"的公司从孩之宝公司获得噗嗤球的销售权。这家公司的推销口号是:"集柔软质地、有趣音效、鲜艳颜色为一身的噗嗤球将成为永恒的玩具,各个年龄段的孩子都无法抵抗"。

数据与事实

尺寸:经典的噗嗤球直径大约是7.62厘米,重48.2克。

名字:伯顿和斯特林杰在选定噗嗤球这个名字上经过了仔细的测试。他们想出了超过200个名字,并把它们排列在一张纸上,然后让大人和孩子选出他们最喜爱的名字。这是"一个调查和选择的过程",斯特林杰说。后来"基础乐趣"公司说这个名字让那些玩家在抓到球时兴奋不已。

游戏:1989年第一次出版的《官方的噗嗤球图书》提供了超过33种不同的游戏策略,包括了一些大众喜欢的很古怪的名字,例如"揍你哥一下"和"斯伯丁高弹南瓜"。

名称:发明者把噗嗤球的触须起了一个有点令人毛骨悚然的名字feeler(触角)。

二十三 长曲棍球

最初玩长曲棍球的那些美洲土著人把这项运动称作是"造物者的游戏",即专供天堂的人们娱乐。一提到这种球,人们很容易联想到上帝。

在整个北美,有将近60个不同部落开展不同形式的长曲棍球运动。举行这项比赛常常是为战争做准备,甚至在某些情况下,这成了某些部落间进行战争的途径。有些人认为这项运动所蕴含的精神可以成为团队中值得弘扬的力量(因此,说它是神赐的力量)。由于不同地域可利用资源的不同,这些竞赛的规则也有所不同,从而出现多种不同的投掷物。某些氏族使用木头上的疤节来进行比赛(印第安契帕瓦族人把这种比赛所用的球叫作"树把手")。另外还有一些氏族,像莫霍克和乔克托的家族使用那种相对较轻的、内部充满了动物毛发的鹿皮球。达科他土著有时会拿着一个外面裹着兽皮的黏土球。据说这些球都具有超自然的能力。有一个传说里这样描述:在一些部落

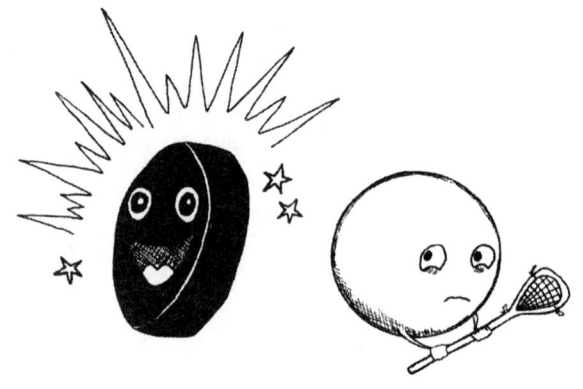

里,输掉比赛一方的成员必须献出自己的生命,然后他们的头会被当作新球来使用。但是就算这个传说是真的,也不能推广这个规则。

欧洲人开始接触这项运动时,他们从比赛中剔除宗教的因素。使长曲棍球西化的一个关键人物是W. 乔治·比尔斯,他是蒙特利尔人。比尔斯最先想到的就是发明一种新的球。他坚持选择用一种比棒球稍小的硬化印度胶皮球来代替那些手工制作的球。对于比尔斯来说,他认为改良比赛用球本身是改进比赛的重中之重。他在1869年出版的《长曲棍球——加拿大国球》一书中提到:"长曲棍球的流行使它比其他运动能更富于使人心境平和的特性"。

从长曲棍球在加拿大的流行来看,与其说比尔斯是一位优秀的作家,不如说他是一位出色的销售员。在19世纪中期到末期,长曲棍球一直都是最受加拿大人欢迎的运动,但是,正如比尔斯所说,它的广泛流行也促使了它最终的没落。随着长曲棍球体积变大,冰球应运而生。最初使用的是长曲棍球,可是在冰上玩它显得有些大。后来,圆形的木块也曾经被作为替代品使用过,可是这并不是什么好选择。直到1886年,皇后大学和皇家军官学院的学生们找到了一种最合适的长曲棍球。在金斯顿安大略湖畔他们将球的各个圆面切掉,制成了飞盘,真正的冰球就这样诞生了!冰球在不断更新,长曲棍球却退而排在了人们喜爱的运动项目的第二位。

数据与事实

尺寸: 长曲棍球的周长在19.69~20.32厘米,重量为141.75~148.84克。

颜色: 橙色、白色、黄色和酸橙绿色(颜色由比赛联盟决定)。

弹跳能力: 长曲棍球非常有弹性,一个标准的球,从182.88厘米的高度被扔下后,能弹跳114.3~124.46厘米。

名称: 法国移民者第一次接触这项运动时,把击打曲棍球的球棒叫作crosse(意为弯曲的棍子)。最后演变成了现今的以lacrosse(长曲棍球)作为名字。美洲土著人给长曲棍球起了很多名字:莫霍克人称之为tewaarathon(意思是战争的附属品),奥内达加族人称其是dehuntshigwa'es(意思是男人们玩的圆形球),切罗基族人把它叫作da-nah-wah-uwsdi(小型战争),齐佩瓦族人说是baggataway(圆鼓鼓的臀部)。

二十四

草地保龄球

在说英语的国家里，意大利地滚球运动具有不同的规则和战术——这可能是由一个坏球引发的。据说，在1522年，来自萨福克郡的查尔斯·布兰顿公爵的球在一场激烈的类似室外地滚球的比赛中破裂了。由于急于完成比赛，他迅速地回到了寝宫，锯下了楼梯护栏上装饰支柱的圆球，然后返回赛场，一直到比赛结束。球与支柱相连的那一面被锯下来时是扁平的，得到的球并不圆润规整，所以这个球无法按直线滚动，在滚动轨迹的末尾就发生了偏转——被称为"偏斜"（bias）。因为查尔斯公爵是亨利三世的堂兄，似乎没有人会质疑这种不按正常轨迹运行的新发明。这就形成了一种新的保龄球游戏（bowls，在美国被称为草地保龄球lawn bowling balls），与正统的地滚球游戏

有很大区别。

另一方面,查尔斯公爵的故事可能是道听途说,英国人究竟是如何开始玩起了带弧线的保龄球游戏至今还无证可考。这并不惊奇,几个世纪前,玩草地保龄球是一件可以供自己吹牛和放松的事情,如今可能只有老年人在星期天无聊的时候才出来比画两下了。

从13世纪末开始,英国人热衷于在修剪平整的草坪上玩滚球游戏。早期的球是由草木灰、紫杉和其他不列颠岛上较为常见的树木作为材料制成,这使得woods(树林)一词成了地滚球的代名词。如同公爵不幸的损失表明,这些当地的本土材料很容易破损。

感谢英国民众对体育的欢愉和热爱,帝国主义的一个副产品就是他们发现了一种比较经久耐用的木料。在16世纪,英国人从美洲大陆引进了愈创木。作为市面上硬度最高的木料,愈创木以其极高的树脂含量使其美誉无懈可击。愈创木是制造这种比软球稍大一点的保龄球运动的最佳材料,从而推动了保龄球的发展。

纵使尚不明确弗朗西斯·德雷克殿下使用的是哪种材质的球,但他对滚木球的热爱使之成为英格兰最著名的传奇人物之一。1588年7月19日,这位著名的船长与另一位船长约翰·霍金斯在前往不列颠的普利茅斯高地号船上,进行了一场激烈的滚木球比赛。双方比赛正酣时,有人来报说有西班牙舰队向英国海岸袭来。据说德雷克审时度势后回复说,他有足够的时间先完成比赛,再与敌人交锋。最后德雷克虽然输掉了木球比赛,却击溃了西班牙,成就了不列颠历史上最著名也是最重要的一场海战。虽然大多数历史学家不愿将其作为一个奇人异事来探究,但有些人却仍然热衷于谈论这个传奇故事。

对那些公平的参与者来说不幸的是,地滚球也成为具有不良因素的运动。一位作家写道:"草地地滚球游戏除了扔出球本身还有三样东西:时间、金钱和诅咒,至少是十分之一。"赌球现象十分猖獗,以至导致了大规模的全国性体育禁令。正如人们所预料的那样,由于国王非常热衷于滚木球,地主和贵族们也得到允许。实际上,查尔斯一世在一场比赛中就下注1 000英镑,这在当时来说是个天文数字。他的儿子查理二世,在1670年与约克公爵和伯明翰公爵一起书写了第一份正式的地滚球规则。

萨福克公爵进一步更新了地滚球规则,而国王的法令(后来由一名叫威廉·W.米切尔的苏格兰律师更新)无疑促进了英格兰更多的地滚球规则变化。有些比赛允许球有轻微的摆动,而另一些比赛则必须保持球按照完全的半圆形弧线运行。由于赌博的染指,滚木球球场的规则毫无疑问地成为被批评的对象。

在20世纪30年代，木头球被合成塑料或复合树脂所代替。现在普遍使用的机器制作的球，上面清晰地标有偏斜角度的具体信息。运动员有很大的灵活性，可以自由选择不同程度的弧线球。现代的球还明确标示出球的侧重面（使球发生偏转的一面）。因此，我们很少或从来没有听说过哪个地滚球运动员投出一个错误的偏转球，或者打出方向出人意料的弧线球。不再像萨福克公爵那个时代那样，从栏杆上锯下来的球是找不到偏转记号的。

数据与事实

　　尺寸：草地地滚球的直径为11.43～13.02厘米，重量为1.13～1.59千克。小白球（jack）是球员用来当作靶子的小球，最大直径是6.35厘米，重量是283.5克。

　　滚木球在美国：据说，起初这项运动在美国有很多著名的支持者，包括乔治·华盛顿。但是独立战争使人们对这项英国运动有了很多歪曲的理解。19世纪时，草地地滚球在美国东山再起，甚至吸引了像威尔特·迪士尼和乔治·范德比尔特这样的名人。

　　莎士比亚：尽管在莎士比亚的著作中并未过多渲染地滚球，但是另一位作家列举了他提到地滚球的10部作品，它们是《爱的徒劳》《理查德二世》《暴风雨》《科里奥兰纳斯》《雅典的泰门》《温莎的风流娘儿们》《驯悍记》《第十二夜》《冬天的故事》和《辛白林》。

　　名称：许多学者称赞地滚球的爱好者们发明了一个新的体育词汇，叫作rubber match（决赛），使得电视转播用它来描述3场（或更长）两队之间决定性的比赛。早在16世纪晚期，最后决定胜负性质的滚木球比赛就叫作rubber。

二十五

魔术8球

这一节的内容有意思吗？现在先隐而不宣。

在回答上面的问题之前，魔术8球（magic 8 ball）在明智地等待更多的信息。毫无疑问，魔术8球是世界上最奇怪的球类项目之一。到底我们为什么要相信这个形状像台球还能喷涌出答案的圆球呢？（要是喷出的回答模棱两可，那就再试一次）。好吧，首先要告诉你的是，最初能够预测命运的不是一个球体而是一个人，他得到一个祖传的具有神秘力量的球。不知道对于那些想要借此项目进行赌博的人来说，这是好消息还是坏消息呢？不要太迷信它。

据说辛辛那提市有一个像《福尔摩斯》侦探系列的作者柯南道尔一样具有超洞察力的"通灵"人，此人的儿子名叫阿尔伯特·卡特。卡特是一个醉鬼，也是监狱里的常客。但是他在机械方面感觉敏锐（也许他知道一些我们无法明白的事情）。1944年，他申请了"液体骰子搅拌器"的专利。那是一个里面装有大量黏性液体和一对骰子的圆柱形管子——中间有一个屏障将两个骰子分开一边一个。当管子向一个方向转动的时候，其中一个骰子将会浮到顶端显示出一个答案。当向相反方向转动时，另一个骰子又会浮到顶端。卡特开始和当地的一些商人一起销售这种17.78厘米长的圆柱形管子，他们将它叫作syco-seer（预言者）。不过，卡特在发明这个"神奇的命运预言家"之后不久就过世了。

这个新的发明取得了巨大的成功吗？资料显示的是否定的答案。在一段时间内，这个"神奇的命运预言家"确实很令人着迷，但是syco-seer和它的另一个版本sycoslate都只能提供一个单一的答案,所以它没能成为巨大的摇钱树。这个小仪器需要的只是一个圆形的工具模子(外形美观)。1948年,艾伯克·拉夫拥有了卡特的原创专利,他把液体骰子搅拌器圆筒镶嵌在一个闪闪发光的水晶球里。据作家兼玩具专家蒂姆·沃尔什所说,1950年,根据布伦兹维克台球的授权,"神奇的命运预言家"水晶球以一套8个球的形式作为升级版本。那么从那时开始,"魔术8球"就成为一个畅销品了吗?答案是肯定的。

数据与事实

尺寸:"魔术8球"的直径接近10.16厘米,重量317.52克。

20面体:与其说"魔术8球"里放了个管子,不如用另一种花哨的说法,说它里面是一个20面体的骰子。这个20面体是空心的,更容易浮在表面。为了更好玩,20面体上有20种可能的答案:10种肯定答案、5种否定答案,还有5种没有明确观点(例如再来一次)。

黏性液体:现存的大多数8球,是用乙醇和蓝色染料混合而成的潮湿液体来当作可以使20面体骰子上浮的材料。

奇闻轶事:在魔术8球的早期时代,华盛顿哥伦比亚特区的居民购买了大量的"预言球"。1958年,魔术8球的销售经理西德尼·科里告诉《纽约时报》:首都的公民应该被写入报纸,因为"他们想知道答案是否是准确的。他们想知道是否可以依靠魔术8球"。科里没有明说买家中是否有任何政客。

名称:有一种呈三角形的提供答案的骰子,叫作Spirit Slate(斯皮尔特·斯雷特,就是发明者的名字。)

二十六

弹 珠

几乎人人都愿意玩那种用一个小球弹另一个小球的游戏，正因为如此，世界各地都有不同的弹珠（marbles）。

埃及人、阿兹特克人、古希腊人、叙利亚人和罗马人都是古代弹珠的爱好者。罗马人对弹珠尤其狂热，他们也把这种游戏叫作"nuces"（在拉丁语里意为"坚果"）。那时候所谓的弹珠形状基本上都很像橡子或者其他坚果，不过游戏本身和今天的弹珠没什么区别。那时这种游戏非常流行，甚至有人称凯撒在登上王位之前也是弹珠的狂热爱好者。著名的罗马诗人奥维德曾写过一首诗来描写弹珠的游戏规则（如果你是奥维德的崇拜者，一定会认为发明玻璃球规则对于他来说过于小儿科，实际上有人也这么想，一些现代专家认为那首诗其实是由一位不知名的作家所做）。

后来这一游戏被引入法国（在法国叫作"滚球"或"小

球")、荷兰(在荷兰叫作"尼克球")和英国。在英国,尽管木球和尼克球令莎士比亚印象深刻,但是他在喜剧《第十二夜》中还是提到一种叫作"樱桃坑"的弹珠游戏。欧洲的弹珠制造毫无疑问始于德国,"弹珠"这一术语,是因为18世纪初期德国人向英国出口弹珠款式的球才出现在常用词典中的。

在美国,这一游戏却不总是那么受欢迎。1882年,一名弗吉尼亚浸礼会的牧师要求一群22岁的人"以上帝的名义起誓不玩弹珠"。6年之后,密苏里州堪萨斯城的一个团体,试图禁止弹珠游戏。他们的顾虑在于玩弹珠是为了"占有",获胜的孩子会赢得对手的弹珠,而这是"非常不道德、意图恶劣的",并且"它的一切都使人堕落"。即使是在纽约这样的国际化城市也无法避免弹珠带来的麻烦。1894年,警察接到报警,逮捕了一群玩弹珠的男孩。当时报警的人对那几个男孩说"像你们这样无所事事,就会走向堕落"。

弹珠需要精巧的打磨,它经过两个专业的球类制造商之手才达到现在的水平。首先是俄亥俄州亚克朗市的塞缪尔·C.戴克,他改革了当地的批量生产技术,同时,他也是个了不起的商人。新闻出身的他,通过媒体来宣传自己的产品。他协助举办了锦标赛,其中包括全国性的赛事,并且在20世纪初期开始将弹珠当成一种有益的玩具来出售。

1924年戴克去世,但是随后一名杰出人士进入了弹珠制造业。在弹珠领域,贝利·平克被置于与佩德·派普和P.T.巴纳姆相同的地位。他称自己为"弹珠国王",并且以此作为自己公司的名字。平克在开拓市场方面显露出了无止境的热情,他像戴克一样赞助全国锦标赛,每年在奖项上投入约5.5万美元。他还定期向学校捐赠弹珠,据他估算,他所捐赠的弹珠在5 000万个以上。弹珠巡回展是他最伟大的一项业绩。1983年出版的《纽约邮报》称:"贝利拥有图特王墓中出土的翡翠、祖母绿的弹珠和阿兹特克宫殿废墟中出土的金质、银质的弹珠"。无论这个充满传奇色彩的故事真实性如何,他都不愧为一位推动了弹珠制造业快速发展的机敏商人。

但优势并没有长期存在。20世纪50年代,相对廉价的日本弹珠对美国公司产生了威胁。日本引入弹珠制造业作为第二次世界大战后经济重建的一部分,日本弹珠不仅造价低廉,而且外形美观。美国的弹珠制造商曾恳求国会对外来产品征收限制性关税以保护国内产业,但是这完全没有效果。

如今大部分的弹珠制造产业主要分布在墨西哥和亚洲。而平克的弹珠国王公司,是一小部分仅存的美国公司之一。但是要使公司能够立足,需要有平克70年前的那种敏锐。除了制造弹珠,他的公司现在还生产包括玻璃饰品、瓷砖装饰等一系列其他的产品。

数据与事实

尺寸：如果是用来弹射的弹炮（shooter）或用作目标球的弹珠，直径在1.27～2.54厘米。直径小于1.27厘米的弹珠叫作"小矮人"（peewees）；也有一些超大弹珠，直径为7.62厘米。

玩法：据估计大约有100种弹珠玩法，包括金字塔（也叫玩城堡）、九洞、迷你弹珠、弹圈、反弹眼、环生（ring raw）、画蛋等。弹圈是最讽刺的：画一个0.61～0.91米的圆圈，参与者用弹珠将对方的弹珠弹出圆圈外，最后圈子里还有弹珠者为胜。

成语：在大众文化中，由弹珠产生的至少有3条著名的成语："play for keeps"源自获胜者可以获得多方的弹珠；"knuckling down"来自"弹"球的技术；"losing a ball"也来自"胜者独占"的玩法，在19世纪末它指的是发脾气到神经错乱。

奇闻轶事：一个名叫吉姆·朗赫斯特的英国园丁是一个远近闻名的"神弹手"，据说他的技艺精湛到可以在1.22米之外打碎一只品脱杯。

名称：玩法不同，弹珠的名称也各不相同。除了著名的cat's eye（猫眼游戏），还有milkie和purie。这两种都是同一颜色的，但milkie是清澈纯白的，purie是不透明的。crokies是像玻璃一样的粗陶瓷制作的，比如中国瓷。Aggies来自agate（玛瑙）一词，指的是那些由天然矿物质制成的弹珠。仿玛瑙的弹珠则叫作immies。

总 统 球

也许是因为弹珠游戏具有竞争性，所以总统们都喜欢这个游戏。赫伯特·胡佛酷爱健身实心球，而拉塞福德·海斯偏爱的则是木球，他为此不得不承受"木球丑闻"。这里还有美国总统办公室的其他5位爱球人。

1. 切斯特·阿瑟：切斯特·阿瑟在成年以后虽然不继续玩球了，但是在他小时候可是个爱球出名的人。1883年的《纽约时报》中有一篇文章声称，切斯特·阿瑟和詹姆斯·加菲尔德在童年时玩弹珠游戏中可能不太有机会一起过招，但是在1880年的总统大选上二人针锋相对。在加菲尔德遭遇暗杀之后，阿瑟取代了加菲尔德成为总统。

2. 乔治·H. W. 布什（棒球）：他的儿子乔治·沃克·布什是第43

任美国总统,曾经经营一支棒球队——德州游骑兵队。老布什则是大学棒球队的忠实队员,在担任耶鲁棒球队队长期间,率队出征过1947年和1948年两次大学生世界杯系列赛,是赫赫有名的防守大腕,球队第一人。

3. 杰拉德·R. 福特(高尔夫):虽然有很多总统流连于高尔夫球场,福特总统可以说是不上心的笨蛋玩家。他总是把球打进错误的洞中,然后立即自我解嘲说:"我不赞成鲍勃·霍伯(美国著名主持人)对我的评价,在上一次比赛中,我打了一次老鹰球(低于标准杆两杆),一次小鸟球(低于标准杆一杆),一次麋球,一次鹿球。"《高尔夫文摘》不顾福特自己的反驳,把他列在最佳总统高尔夫玩家的第三位(在约翰·F.肯尼迪和艾森豪威尔之后)。

4. 亚伯拉罕·林肯(斯诺克台球):林肯被别人誉为最受尊敬的"臭手",在他晚年的时候,称自己为"台球瘾君子"。这位受人敬重的领导人有一次称赞台球为"鼓舞人心的健康科学的游戏,无论身心多么疲劳都可以从中得到放松"。

5. 贝拉克·奥巴马(篮球):奥巴马一直都是一个娱乐性的篮球爱好者,而且打得非常出色。有一次,他参加了一场电视直播的篮球比赛,与前大学明星及全国篮球联合会选手克拉克·凯洛格一起竞技。在比分落后的情况下,这位总统在哥伦比亚广播公司的采访中说:"我不希望因为自己使这个全国性的电视节目蒙羞"。然后,接着为赢得比赛而奋战。

二十七
马里球

当球类运动成为引人注目的焦点时,马里球(mari)也许是唯一装饰得漂漂亮亮且贴近大众的一种球。

据说在17世纪,日本从中国引入了一种消遣游戏"蹴鞠"(kemari)。这是一种可以增进朋友之间感情的游戏,基本上就是用踢毽球的方法来踢一个足球大小的球。6~8个人一组围成一个圈,大家努力地用右脚踢球,使球不落到地上。现代,在一轮中连续踢到20下就被认为表现良好。

这种球使用鹿皮,里面填满豆子,精心制作而成。一位西方旅行者曾在1937年说,这种球是根据日本京都地区的一种已经成型的传统技艺制作而成,那是蹴鞠传入这个岛国时到达的第一个地方。最特别的是,这个球的外层是由白粉末(被20世纪30年代大胆的记者描述成"搽脸的白粉")、胶水和蛋白装饰

而成的。

尽管球的质量很好，但是在19世纪初，蹴鞠已不再能引起人们的兴趣。这项游戏有一个重要的支持者是明治天皇。将日本带入现代工业时代的明治天皇，在1894—1895年期间居住在广岛，那时他就对蹴鞠产生了极大的兴趣。刚进入20世纪时，蹴鞠表现出了衰落的迹象，这时日本的领导人介入了。他坚持让一些东京贵族继续进行这种消遣活动。结果，在1903年，由天皇资助建立了一个维护传统的协会。

这个组织忠实地保护着蹴鞠——虽然对于外国人来说这种游戏看起来更像歌舞伎（创始于17世纪的日本传统剧种）而不是一项真正的体育运动。在展览会上，蹴鞠占据展台中央万众瞩目的位置，被供奉在佛龛的祭祀台前供人们祈求平安、财富和丰收。

蹴鞠选手们身着装饰颜色华丽的服装。随着时间的推移，服饰不断发生变化，这也体现出该项运动的重要性。在13世纪，当武士阶级把这项运动传播至全国上下的时候，服装的颜色可以反映出技术的高低。几个世纪过后，服装区分出了贵族与普通人，这项运动最终成为一项全社会所有阶层的运动。至于场地，是一个被4棵树划分出的约4.55平方米的区域。这4棵树是樱桃树、柳树、枫树和松树，分别代表春天、夏天、秋天和冬天。

蹴鞠是一种高价值的产品，这并不是浪得虚名。为了这个，球手们都在潜心提高技艺。"一次理想的击打包括适度的旋转，发出像击鼓一样的声音，而且不能打得太高或太低。"一名球手解释道。显然，甚至是最出色的球手有时也会有失误。

数据与事实

尺寸：由于蹴鞠不是批量生产的，所以球的规格也是多样的。一般来讲，球的重量99.23～127.58克，直径20.32～22.86厘米，和21.59厘米的橄榄球差不多。

历史政策：这种游戏使两个十分关键的贵族人士聚到了一起，并发起了重要的经济和土地所有权的变革，那就是著名的645年的"大化改革"。

现代政策：1992年，布什总统尝试了蹴鞠——唯一的问题是他并没有浅尝辄止。作为一名曾经的高中橄榄球队选手，布什总统在玩的过程中处于领导的位置，这令传统的球手们无所适从，十分懊恼。

名称：现在的球手们在击球时会喊出"ari（骇矣）、yaa（呀）、oh（哦）"等类似的声音，这些声音其实是保佑蹴鞠的神的名字。

二十八
健身实心球

当你听到健身实心球（medicine ball）这个词的时候，你也许能联想到一个秃顶强壮的男人留着八字胡，身穿紧身衣在锻炼，其实这绝不仅仅是你一个人在这样想。早在20世纪初期，健身实心球完全是作为一种保持健康的工具而受到美国人的欢迎。这个重达90.72千克的球也是拳击运动员的主要训练器械之一。无论是20世纪前10年现实生活中的重量级拳击手冠军杰克·约翰逊，还是50多年后虚构电影中的洛奇·巴尔博，你几乎都可以看到拳击运动员在使用健身实心球。

虽然健身实心球有几千年的历史，但是健身实心球这一词汇却是在1895年第一次被加入英语字典中的，当时这个词条表示的是"一个实心的，用来运动的皮球"。然而首次使用球形的囊袋装满沙子来增加重量的方法可以追溯到公元前1000多年

以前,当时它是波斯士兵养生训练的一个组成部分。在希腊时代,著名的内科医生希波克拉底把这种球纳入他的处方中来对病人进行调节和康复治疗。文艺复兴时期,希罗尼穆斯·默克瑞立斯医生赞成把健身实心球作为"治疗性体操计划"的一部分。因此,这也是健身实心球这一名词的来历。

在训练场地之外,它成为政府以及政府以外其他地方的一种创新项目。当时的美国总统赫伯特·胡佛正在致力于解决经济萧条问题,他把这重量很大的球作为一项新的体育项目,因此它被《纽约时报》称为"胡佛球"。这项运动是在1931年,为了帮助总统保持身体健康强壮,由白宫中的医生埃德莫尔·约尔·T.布恩创造出来的,只需使用实心健身球,加上网球和排球的混合玩法。球队双方4名队员要在类似网球大小的场地上把2.72千克重的球抛过2.44米高的网,对方必须有一名队员接住球,然后立即把球扔到另一方接不到的位置。如果球落地,就得一分。这个游戏的得分规则类似于网球。

胡佛在他的回忆录中写道:"与网球相比,它不需要太多的技巧,但需要很快的速度和强壮的力量。因此在短时间内,玩的人能得到更多的锻炼。"胡佛球的历史理所当然地与胡佛在美国总统办公室艰难的任职一样,是令人难以忘怀的。

这个球也被用在军事游戏中,被称为"斗牛场中的公牛"。这是一个锻炼男性气概的男人版游戏,士兵们围成一圈,中间有一个战士,他要想办法躲避大家投向他的健身实心球。

今天,健身实心球仍然是一个颇受欢迎的增强力量训练的工具,重量在0.91~15.88千克。球的制作方式也有很多,最为流行的是用聚氨酯、乙烯基、皮草作为外壳,有的也用沙子、硅树脂、橡胶来填充一下里面的重量。

数据与事实

尺寸:现在的健身实心球大小各异,但是传统的形状与篮球差不多,周长在68.58~73.66厘米。

在美国的初次亮相:健身实心球在美国的第一次亮相大约是在1859—1871年的某个时候,哈佛大学体操馆馆长阿伦办公桌上有一张健身实心球的照片。

名称:众所周知,它简称为med ball。早在20世纪早期,健身实心球就与哑铃和另外两种现在已经被遗忘的健身器械瓶状棒、健身棍一起被称为"四大骑士健身设备"。

二十九
冥想球

追溯中国明朝时期(1368—1644),冥想球(meditation balls)就已经有了许多名字——保定球、中国保健球、放松调节球、中国铁球、经络球和气功球等。不管它的名称是什么,这些手握的球通常都是成对出售,使用方法都是在人们的手心里旋转,这是相同的。冥想球可以被用来作为治疗、安神或者锻炼的器具。

冥想球起源于中国河北省保定市。在那里,制造这种球的目的是为了帮助受伤的手锻炼恢复活力,或者干脆直接作为一种锻炼手的灵活性的器械。工匠们用液态的铁浆制造这种球。然而到了清朝的某一时期(1644—1912),这种设计已经改变了。虽然仍旧使用铁和钢来制造这种球(也可以使用翡翠这样半宝石的石头或者经过加工的上等木头),但是它们是空心的,里面还有可以发出响声的金属片。这些响声可低可高,据说这代表阴和阳。

冥想球并不只是供老人或身体虚弱的人使用。几世纪以前

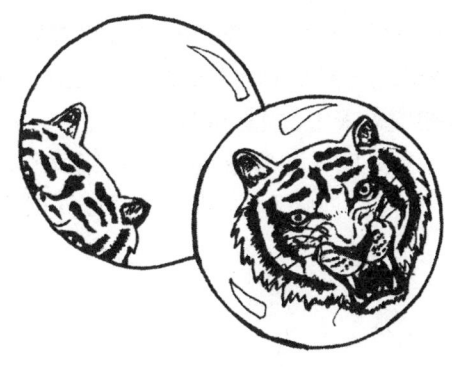

士兵们把类似的球当作武器，也有杂耍艺人用它来展示绝技和灵活性。但是中国的医药学赋予它更多治疗的作用。中医认为，人的手是治愈大脑和重要器官疾病的一个重要部位，用这些球进行锻炼，从高血压到肝脏功能失调，均可避免。

如果你认为冥想球在现代运动中没有什么价值，那么你最好重新思考一下。1996年出版的一本《黑带》杂志热忱地推荐使用这种球作为训练器具。其中有一篇文章夸耀说，这种球能帮助一个军事艺术家获得老虎一样的力量。"通过用中国铁球不断训练和调节，……手指变得像爪子一样有力。"记者也这样报道。

甚至一些不是冲着拥有老虎爪目的的运动员也享受到了这种球的好处。1986年，费城老鹰队的四分卫坎宁安的拇指严重挫伤，以至于能否参加那个赛季的最后两场比赛都成了问题。有人给了他一对中国冥想球进行康复。之后，他称赞说他能参加球队最后的决赛完全归功于冥想球。最后费城老鹰队以21∶14战胜了华盛顿红人队，这些球发挥了多大作用，我们不得而知。

前达拉斯牛仔队的候补四分卫，也是后来球队的主教练詹森·加勒特格拉斯也提倡使用这种球。在1994年的赛季中，牛仔队获得了一个赛区冠军，并且进入了联盟的八分之一决赛，加勒特格拉斯送给球队里攻击线上的每位成员一副银制的冥想球。他仅仅看了球队16场常规赛季比赛中的两场就承认这些球绝不是浮夸的礼物。

数据与事实

尺寸：冥想球的尺寸和重量各有不同。治疗用的球更大、更重、刺激性更强。不过专家推荐初试者要使用小一点的球循序渐进。球的直径3.81～5.55厘米，重量取决于所用材料。比如，一副直径稍大于5.08厘米的翡翠冥想球重量大约0.45千克。

1984年，罗纳德·里根总统到中国访问时从中国领导人赵紫阳手里获赠一对冥想球作为礼物。《洛杉矶时报》解释送这个礼物的原因是：这对球可以"送给老人放在手里滚来滚去，预防关节炎"。

语言：中国传统医学非常重视Jingluo（经络），它认为人的10个手指上涵盖着全身能量的穴位网。冥想球能够健身就是依据这个理论。

三十

碰碰球

尽管碰碰球在今天看起来似乎有另外一种特别的含义，但最初它指的只是一种湿湿软软的球。事实上，这个词真正开始使用是在1968年，指的是一种泡沫岩。碰碰球（nerf ball）的发明者雷恩·盖耶最初是计划用海绵状的聚氨酯作为一种叫"洞穴人"（caveman）的新游戏道具。游戏时，人们把人造岩石扔向对手阻止他们偷玩具中虚拟的钱。游戏的前提听起来似乎很奇怪，洞穴人竟然有钱和其他的东西。但是盖耶早在之前就发明出畅销游戏"扭扭乐"，所以他的创意一定会得到关注。

因为有各种体育运动项目的启发，在"洞穴人"进行试验时，他意识到向四周投掷有磨损的软软的岩石比他的游戏本身更有趣。于是，碰碰球诞生了！实际上，最开始它叫作"傻瓜

球"（muffball）。尽管他对于新球有很大的热情，但是这种球也仅仅是他伟大计划的一部分。盖耶十分了解游戏产业，他意识到自己说服不了任何公司来买这种蹬蹬球。于是，他将它包装成一种室内游戏装置的一部分，这种装置也可以让使用者像在室内玩那些户外游戏一样，比如排球和篮球。已经投资盖耶扭扭乐游戏的米顿·布拉德这次没有支持他，但是该公司的最大竞争者帕克兄弟公司接纳了这个发明。

在一系列改革之后，帕克兄弟公司开始认识到盖耶之前的预测能力，不带任何附加产品，这种球本身就已经可以拥有巨大市场。在一次测试中，公司看到参与者非常喜欢这种把球扔到对方身体上的活泼有趣的游戏。他们得出一个结论：这个球最大的卖点是它不会破坏房间。妈妈们的"不能在房子里玩球"的传统训条可能要被废除了。

可是给这种球起个名字就不那么容易了。"傻瓜球"是随便起的名字，帕克兄弟公司想过用orbie和moonball（月亮球）来做它的名字。事情发生在1969年，那是第一次登陆月球的那年，所以外太空主题起了作用。但最终，名字还是来自地球。"碰碰球"这个词来自20世纪40年代的赛车产业。在20世纪60年代，nerfbar（汽车保险杆）是附着在改装的高级汽车底盘上的金属管的名字，这种装置是用来保护汽车的。汽车冲撞的声音提醒了帕克兄弟公司的经理，埃伦·沃雅恩在她的《米尔斯公司与帕克兄弟公司合并纪要：另类玩法》一书中写道："汽车冲撞时，在坐垫上来来回回的感觉就像是在玩碰碰球"。

随着时代更迭，许多零售商对碰碰球持怀疑态度。有一家连锁商店拒绝引进这种球，他们说1美元的定价过高，并且因为它过于简单，冒犯了购买者的智力。但是在1970年碰碰球成为全球流行产物后，这种看法很快就转变了。碰碰球上市第一年的销售量就超过400万个。

碰碰球是室内游戏，球体很轻，不能在室外玩，对于抛掷的力量和天气没有太大的要求。帕克兄弟公司很快注意到了这个问题。他们联系一个汽车产业中泡沫扶手的制造商，找到了生产更加耐用、更重一些的球体的办法。解决办法是在泡沫模型里添加液体。借助这项新技术，碰碰足球在1972年面世，对于那些想要玩比传统橄榄球小一点的球的孩子们来说，这种球很完美（它是标准橄榄球尺寸的三分之一）。碰碰球的创举成就了操场足球的游戏项目。

碰碰球发展成了可以在室内也可以在室外玩的运动，帕克兄弟公司从那时起就一直在添加产业链。碰碰球的材料已经被用在很多方面，比如孩子的小车、超级英雄道具和滑翔机这些玩具里。由球类体育运动项目转化的碰碰球产业包括桌面网球、台球、足球、高尔夫球和篮球。用碰碰球做弹药的玩具枪已经大热。

"碰碰球从最开始一个有点荒谬的词,已经发展为一个无所不在的词了",一个帕克兄弟公司的经理恰当地做了总结。

数据与事实

尺寸: 最初的碰碰球直径是9.53厘米,重量接近12克。

颜色: 第一个碰碰球可能是4个颜色之一:蓝色、红色、橙色或黄色。最初的碰碰球就已经包含许多艳丽的色彩,比如"橙子榨汁机(orange squeezer)""绿黄色(lime-backer)""紫色传球(purple passer)"。

名称: 由碰碰球引发,在神奇的游戏世界to nerf(碰)的意思是指削弱人物或目标在游戏中的能量或武器(与在线角色扮演游戏"魔兽世界"里削弱目标力量的意思差不多)。举例来说,让游戏中的建筑师去"碰"一个巫师,就表示这个巫师将失去自身的能量。

三十一
无挡板篮球

　　无挡板篮球（netball）运动的发明几乎是出于偶然，它可能是意想不到的情况下的一个产品。一名路易斯安那州名为克拉拉贝尔的教师不经意间开始了一项新的运动，她误解了篮球运动的发明者詹姆斯·奈史密斯给她的篮球规则。贝尔的版本，是在1895年为女运动员设计的。它利用铁环（没有后板）和之前发明的篮球（尽管使用更轻的足球可能会更好）。主要区别在于：玩家被限制在球场上的固定区域以及不让对手运球或护球。

　　这项游戏推广得很好。贝尔的创造传到了英国，在那里得到认可传遍了全国，并被修改命名为"无挡板篮球"。在世界范围内有2亿人玩这个游戏，尤其在英国、澳大利亚和新西兰更是备受欢迎。在20世纪初，篮球并不普遍，所以尽管最初它们被用于贝尔的游戏，篮球也可能通过无处不在的足球游戏跨越大西洋。

　　尽管无挡板篮球与英式足球有所不同，但是它受足球的启发要多过篮球的启发。无挡板篮球典型的18面设计看起来有点像一个旧时代的足球，而它的尺寸也与现代足球大小相同。然而，无挡板篮球有它自己的特点。它的外壳表面容易抓握，并且设计的样式越来越花哨，比如流行的粉红色、时髦的绿色、黄色的图案使无挡板篮球看起来充满活力。尽管如此，形式永远不会妨碍内容。简单的白色球也是可以使用的，并且生产者谨慎地在上面添加一点看起来对称的色彩变化。这种设计可以使球在空中旋转时呈现出漂亮的圆形图案。这正是白色球优于其他漂亮颜色球的重要原因。

数据与事实

尺寸：官方无挡板篮球的周长为68.58～71.12厘米，重量为396.9～453.6克。

名称：每个无挡板篮球的球员必须穿着bib(围兜)，看起来像一个婴儿穿的彩色的无袖汗衫，套衫指示着球员在场上的具体位置。

三十二

彩弹球

假设不算水气球,那么彩弹球(paintballs)就是运动项目中唯一只有当它破了的时候,才算是成功的球。搞清楚怎样才能完美地实现这一任务是这种小型弹丸演变过程的重要部分。

美国森林局提出了一个有关枪的建议,对彩弹球起到了间接的推动作用。在19世纪60年代初期,政府要求一位名叫查尔斯的化学家和他的弟弟发明出一种装有油漆的小子弹,用来在远处为树木做标记。他们发明了蜡质的数字号码。这种从枪里射出来的蜡头叫作"记号弹",效果非常好。于是一些牧场主也用它来给自己的牲畜群做标记。

但是这些早期的弹丸还尚未用在游戏中来射击伙伴。虽然牛从来不抱怨,但是我们知道,不是人人都愿意被坚硬的蜡质颗粒射中。它发生的改变要归功于R.P.谢雷,他的公司因发明

了药丸和栓剂软胶囊而赚了大钱。他们认为胶丸可能比蜡质颗粒效果更好，就开始把胶丸作为油漆填充弹药的外壳雏形来销售。当时，谢雷并没有想到他的彩弹发明也是一棵摇钱树。事实上，当第一家设计彩弹枪的公司发现其中存在投资风险的时候就停止了生产。

最后，一群喜欢争论的聪明人加入到发明彩弹的队伍。1981年，这些人发起了一场关于"乡下人还是城里人的生存技能强"的争论。为了回答这个问题，他们来到在新罕布什尔州的一个约50万平方米的丛林，穿上伪装服，戴上护目镜，最重要的是，他们还带上了尼尔007型手动栓式彩弹步枪（尼尔森公司制造）和20多个油漆球。其中一位是纪录片《铁金刚》的作者查理·盖恩斯，后来据他描述，这种枪"喜怒无常"，那些白色的油漆弹丸也不可靠，因为很多弹丸打出去之后都没有破裂。最终，一个敏锐的新英格兰户外运动家里奇·怀特一枚子弹也没发射就击败了那些来自混凝土丛林的城里人。被这些家伙称为"国家生存游戏"的新主意，很快就促成了彩弹球的出现。原来的弹丸无法满足最初的那批玩家，弹丸的油性涂料填充是洗不掉的。解决这个问题不是容易的事，因为彩弹凝胶状的外壳是水溶性的，问题很多，在它遇水之后这些外壳就会膨胀甚至融化。完美的彩弹还不能没有颜色，因为需要用颜色在目标上做出一个可见的记号。直到1985年，解决的办法随着"非离子型聚氧乙烯脂肪酸衍生物"的出现而浮出水面。实际上，这种材质的弹球意味着玩家在一天之内可以很容易洗掉颜料残渣。

现代彩弹可不是为脆弱的人准备的。它发射的速度大约是每小时202.78千米，射程接近91.44米。据《大众力学》估计，神枪手用彩弹枪在距离目标27.43米的位置射击应该是非常精准的。但是远到45.72米时，即使最熟练的玩家也将很难击中对手。不过，因为在很多地方彩弹以最大的速度发射时通常会留下一条红色的轨迹，所以彩弹的发射是有局限的。好的玩家用芯片控制的发射器可以每秒发射20个或更多的球。因为彩弹落在地上不好捡回来，所以现在市场上的彩弹都有各种香味。即便黄色颜料不能告诉你谁是失败者，香蕉的气味也能让你分辨出是谁输了。

数据与事实

尺寸：彩弹球直径约17.27毫米（0.68口径），重3.2克。

奇闻轶事：彩色明胶胶囊是用动物产品制成的，这成了一些素食者参与这项运动的障碍。因此，在2009年，珀杜大学一个有魄力的学生团队设计了不需要使用动物原料的彩弹球机器。

名称：bonus balls（奖金球）是指彩弹在比赛正式结束后击中对手。这种情况会因为彩弹飞出枪的速度或因为玩家离开战场太慢而偶然发生。通过它也可以来激怒失去比赛资格的对手，它也被称为extra love（附加的爱）。

三十三

芬兰奥利派棒球

在20世纪90年代,一位芬兰运动员,也是之后的教授拉瑞·塔库卡沃·彼克拉见证了芬兰奥利派棒球运动的产生,他在某种程度上对这项运动比较满意。不过他认为这个运动项目有点太缓慢,他想如果做一点调整,他村子里的人会接受这项运动。结果就诞生了奥利派棒球(pesapallo),对于大多数美国人来说类似于古怪的棒球运动。在这项运动中,双方各有9名队员,按回合比赛,讲究出局,有一名击球手、一名投手,有棒球手套,还有棒球棒。但是垒的形状是长度不一的Z字形。球被投手缓慢地投给击球手。棒球棒很长而且是仿皮的,一般由玻璃纤维制成。将球击出运动场叫作no-no(意为:禁忌),也就是犯规。

奥利派棒球与带着红色针脚的白色棒球不同,它和这位美国表亲相比,简直可以说是一种另类的野兽棒球。不管这项棒球运动来源于哪里,组织者们一定是从早期的曲棍球得到灵感。据1939年《纽约每日镜报》一篇真实的报道,这样描述它:更像爱尔兰板棍球(Irish hurley ball),比棒球轻,也比棒球快。尽管芬兰人用自己的方式玩这种球,但是它远没有那么完美。人们发现早期的版本有缺陷,需要改进。

奥利派棒球比棒球更小更重,看起来和网球很相似,球面也因此得到了改善。完美的球面在比赛中占有很大的优势。芬兰式棒球联合会一直致力于完善这项运动,在2003年,他们甚至雇用了芬兰的奥运会比赛研发机构来改进球的弹力。传统的奥利派棒球对球的重量和周长有规定,但是对球的弹性则没有特殊规定。结果,这导致一些公司生产出的球能在高空中飞行,而另外一些生产商的球却像死鱼一样。芬兰研究机构用一支大型的气枪把pallo射击到墙面上,借此来计算它应该具有多大的弹力才合适。他们还就这项研究向芬兰棒球管理机构呈交了一份长达15页的研究报告。之后,管理机构就要求生产商制作具有统一弹力的芬兰球。不过,调整后的球和棒球有了很大差别。

精彩球

由于某些未知的原因,那些想要破纪录的人都倾向于球。下面是一些球类项目历史上的精彩瞬间。由于人们的过度关注,这些纪录在你看到这本书时可能已经被人打破。

1. 篮球:1999年,一个佛罗里达人在伦敦展览会上同时旋转28个篮球。他坐在地上,在腿上使用一个奇妙的装置来让旋转的球保持平衡。他还能让球在自己的头上和手指上旋转。

2. 高尔夫球:2010年,在佛罗里达有人创造了一局打了12小时的高尔夫球纪录,总分是7 721。

3. 英式足球:2004年,瑞典有人创造了持续颠球8小时32分钟3秒的纪录,期间足球一次也没有掉下来。

4. 弹力球:2010年,一个纽约人创下了弹力球最快的纪录,他的用时是13分钟。

5. 网球:2010年在德国举行了最长的单人网球耐力比赛。两位选手来回击球持续时间长达55小时55分55秒钟。这项纪录没有显示出这一回合中共打出了多少种不同类型的球。

数据与事实

尺寸:芬兰奥利派棒球的周长必须为21.59～22.48厘米。不同玩家选取不同重量的球。男子球的重量为155.93～164.43克,女子和儿童球的重量更轻些。

在美国的前景:当芬兰人在1952年的赫尔辛基奥运会上呈现芬兰奥利派棒球表演时,并没有给著名的体育作家理得·史密斯留下深刻印象。这位作家讽刺这项运动"是由瑞·塔库卡沃·彼克拉，一位带着助听器的教授发明的，并且一定是有人在他助听器电池坏了的时候向他描述的棒球"。

全世界的爱好： 尽管是芬兰的运动，但它已经传播到了全世界，包括澳大利亚、加拿大、瑞典和德国。

名称： kunnari是指一个全垒打。对于这项运动有一个一直歪曲的观点是，一个击球手只需要达到三垒的水平就可以取得好成绩。

三十四

法国地滚球

在法国,很多家族之间存在争执,比如凯普莱特家族和蒙太古家族,海菲茨家族和麦考伊斯家族,布朗兹家族和苏威格纳特家族等。这里的地滚球运动基础雄厚,家族间的宿怨让它在众多运动中脱颖而出。

球戏运动最早开始于1907年,这一在法国风靡一时的运动是由一项古老的运动意大利地滚球演变而来。与意大利地滚球不同的是,法国人规定参与者扔球时必须两脚并拢。另一个主要区别是球的构造。在早期,为了制作出金属的球面,人们在木球表面钉满钉子,而意大利地滚球使用的则是木质球。毫无疑问,这些镶着钉子的球因为太过沉重不能产生很好的效果。因此,让·布朗家族的掌门人开始了对法国滚球(petanque boules)的探索。

1927年,在布朗家族所在的南部小城圣博勒城堡的卢瓦尔河谷的一个小村庄,布朗和同伴开始制作空心铁球。他所创建的

JB品牌引起了巨大轰动，并且在差不多30年里一直处于手工制球业的领先地位。诚然，布朗早就料到自己最终会在金属球制造领域迎来一场激烈的竞争，但令他意外的是半路杀出的竞争对手竟然是当地一个叫弗埃德·皮埃特的锁匠，其在1955年进入制造铁球行业。尽管圣博勒城堡是一个小城，居民也只有大约1600人，但是两大滚球制造公司却展开了激烈竞争：JB公司和皮埃特的奥伯特公司。

起初是布朗处于领先地位，但是皮埃特拥有让·苏威格纳特和他的两个儿子乔治和罗伯特。苏威格纳特家族凭借在金属制造领域多年的经验以及两个儿子有效的管理，奥伯特公司逐渐超过了JB公司。两大世界地滚球顶尖制造商之间的竞争不断加剧。"在80年代，当时远东竞争正愈演愈烈，两家公司一度展开了一场激烈的价格战，并对双方都造成了破坏性的打击。"奥伯特公司的皮埃尔·苏威格纳特解释说。

与莎翁小说《罗密欧与朱丽叶》中的意大利家族和19世纪发生在阿巴拉契亚山下穷乡僻壤的血腥传说不同的是，布朗家族和苏威格纳特家族采取了更为巧妙的方式解决彼此的争端。1995年，奥伯特公司总经理的儿子和JB公司老板的女儿联姻。尽管两家公司仍然保持独立生产，但这场婚姻的确缓和了他们之间的竞争。

两家公司现在要面临一个更强大的对手：亚洲。在布朗家族和苏威格纳特家族举行婚礼3年之后，法国球戏产业（奥伯特和JB家族已占有80%的市场份额）劝说法国政府对来自亚洲的进口采取严格限制。他们成功地辩解说，这些外来球是由轻薄的合金和诸如沙子、黏土或水银等材料填充而成的。优质的球是空心的，并由较厚的金属外壳包裹。当这些不合标准的球相撞时，它们就有可能破裂，碎片四溅。有了政府的保护，奥伯特公司和JB公司得以在球戏用品制造业继续领跑。现在，奥伯特公司每个月的生产量达到30万个。

但即使有了政府的帮助，圣博勒城堡的这两家公司也没有一丝一毫的懈怠，对于球的规格有了更加严格的要求。以奥伯特公司为例，现在他们拥有1200种不同型号的球，每种类型在重量和大小上都有略微的差别。球由至少12种不同级别的铁制成，并且由于每个不同的构造都会提供一种不同的手感，在制作时，公司都会谨慎地权衡方案。铁的选择（以及其他特性）取决于玩家——以及选择支持布朗还是苏威格纳特。

数据与事实

尺寸：每一个铁制的地滚球直径必须在7.04～8厘米，重量在648.64～

798.32克。所测重量必须是纯铁的重量,沙子等添加物的重量并不计算在内。被称为"小猪"的目标球,直径在2.49～3.51厘米。

名称: 人们曾戏称这个游戏为kissing fanny(亲吻芬妮)。据说这个习俗是第一次世界大战后在法国南部兴起的。为了向一位在一场地滚球比赛中以13:0的比分失利的选手表示同情,当地的一个女侍者允许这位失利的选手亲吻她的脸颊。而当市长以大比分失利后,漂亮的女侍者让市长亲吻了她的另一面脸颊。此后,由于市长的默许,这个习俗延续至今。例如,在很多盛行地滚球的地方,以尴尬比分出局的失利者可以亲吻附近女士的臀部。

三十五

弹子球

玛丽·安托瓦内特曾是个弹子球（pinball）游戏高手吗？这是可能的，即使换成了银球，她还是会一直玩着象牙球。弹子球的前身是18世纪国王玩的一种叫弹子球（bagatelle）的游戏。国王路易十六的兄弟D.阿特柔斯伯爵是个大玩家，他有一个弹子球游戏城堡，国王和王后被处决前参加过那里的每一个派对，每次都有他们喜爱的弹子球游戏。

弹子球游戏在狭长有角的台球桌上进行，玩家用台球杆轮流将象牙球击打到球洞里，所得的分数取决于进洞角度的难易程度。这个游戏是台球的改良，并快速拓展到英国和美国。这

种游戏非常流行，在1864年，一部关于亚伯拉罕·林肯的《柯里尔和艾夫斯》动画片中，那个未来的总统也加入了这种象牙球运动的行列中。

基于设备的成本，这个游戏倒更像是贵族们的专属。为了让该项运动平民化，19世纪晚期，美国的主办者推出了同比例的缩小版来供大众消遣娱乐。这个时期有一个创新就是用弹簧加活塞取代了池棒。到了20世纪初，不同硬度的大理石球取代了大版的象牙球，在小桌上进行的游戏一时流行起来。

现代弹球是经济效应的最终产品。在美国大萧条期间，垂死挣扎的小商店店主们发现弹球机很赚钱。这种奇妙的装置在早期出现了各种各样的名字，以挡板球和Ballyhoo最为流行。随着弹子球从桌上毫无征兆地转变成球类运动，肯塔基州路易斯维尔报纸将其戏称为"弹与球（pin-and-ball）"。最终，路易斯维尔法院简称之为"弹子球"。

1934年，一种从大型滚珠球演变而来的著名银球成为该项运动中特殊的组成部分。至于为什么这种银球会成为业内的标准至今还不清楚。斯特恩弹球股份有限公司的总裁马克·勋伯格建议设计者把这些巨大的金属球用到赛场上。然而，一旦某一种球有了固定的设计版本，几乎所有品牌都会按照这个版本制出产品，以至于有的球根本没法使用。在这之后，只好对比赛的部分规则进行修改，改变推球进洞的工具。1937年又增加了有弹性的保险杠，10年后上旋球出现了。

这是一项重要的改变，因为最初玩手只要插入硬币就可以启动球，球自己运行也有希望得到最高的分数。由于多数弹球机可以累计投入现金或是免费高分竞赛，政府官员认为这种形式纯粹是赌博行为。因此，在19世纪30年代末40年代初，纽约和洛杉矶严令禁止玩弹球。纽约市长费奥雷洛曾经毫不留情地下令严查，没收弹子球机。肯尼迪也关注过这个问题。美国司法部长罗伯特·F.肯尼迪认为，不仅这项游戏类似于老虎机，弹球产业也属于团伙犯罪的领域。

之后是1969年的热门单曲"弹子球高手"，这引起了更多对政客们的投诉。出乎意料也很幸运的是，还曾经有一首关于这银色球的赞歌。简单说吧，一个叫汤米的摇滚乐评论家曾经很喜欢弹子球，他认为一个好的评论家如果在乐队的摇滚歌剧《英国兵》里加入这项运动是很有远见的做法。名人堂的彼德·汤森在2004年向刊名为Uncut的杂志讲述道："哈，我写'弹子球高手'纯粹是为了骗钱。"

接下来的10年里，弹子球的发展达到了鼎盛时期。但是，"太空入侵者"和"吃豆人"等游戏的出现使弹子球受到了严重打压。1979年，有报道说行业领头人巴利赚得了1.29亿美元。2年后，视频游戏开始独霸市场，他们将一半资金投入其中。

在这种喧嚣骚动的时代,弹子球貌似已经没有翻身的机会了。现在又出现了碳钢弹球,它比碳钢抛光效果更细致,持续时间更长。但是它们都不常用,因为它们的极性无法适应机器中的磁场。另一种是陶瓷球,也被称为能量球,它与前两种球大小相等可以互相替代,但是过轻。如今那些热爱弹球机的人们希望不要只能从一首渐渐衰落的摇滚歌曲中找到弹子球的纪念。

事实与数据

尺寸大小:弹球的直径是2.7厘米,重约79.38克。陶瓷能量球的直径与此相同,重约64.92克。

名称:tilt(倾斜)一词表示的是选手移动弹球机时改变球的方向。如果选手使弹球机倾斜就视为违规。第一次使用这个词的是知名弹球制造者哈利·威廉姆斯,他说:"我看到他们尝试举高弹球机使球入洞争取得到高分。起初我把这个'倾斜原理'叫作'卧底'。有一天有个人正在玩,他说:'该死的,让它倾斜(tilt)。'然后我想了想,用倾斜(tilt)很恰当。"

三十六

斯泊汀高弹力球

1951年在联盟赛季注定了威力·梅斯要发明斯泊汀高弹力球（pink ball）。每天清晨，这位伟大的棒球家都会被他纽约邻居哈莱姆家的孩子们玩游戏的声音吵醒，他从中受到启发，创造出一种可以在城镇街巷中玩耍的游戏，它就是世界棒球的一个变体——棍球。游戏所用的是一个中空的粉色橡胶球。很可能它是击球手对斯泊汀高弹力球（spaldeen）的一种纽约说法，或者是彭斯-潘恩网球器材公司生产的另一种品牌。玩一场充满活力的游戏后，那些未来名人堂的大人们会给孩子们买冰棍或者是冰淇淋，然后他们直奔棍球场到纽约巨人队担当一个出色的中心接球员。

尽管梅斯可能是斯泊汀高弹力球中最伟大的参与者，从20世纪50年代至70年代，美国的大城市里有无数孩子在夏天里的娱乐都指望着这个游戏。后来那些联盟里的一流棒球运动员，像费尔鲁斯得、乔托瑞，还有蓝道夫·威利的棒球生涯都

是从玩斯泊汀高弹力球开始的。但是普通孩子同样为这个粉色的球深深着迷。"斯泊汀高弹力球是所有游戏中最受欢迎的,在每一个白天快要结束的时候,我们都可以摸索在屋顶找寻卡在里面的球,这个球也许是上次游戏结束时从下水道、鸽子笼、篱笆条,或是烟囱后面掏出来的。"著名记者兼作家彼得·汉密尔在1980年《纽约杂志》的一篇文章中回忆斯泊汀高弹力球时这样说道。

最早的斯泊汀高弹力球产生于很多的错误。在网球的生产过程中,斯泊汀不得不抛弃一些有瑕疵的球。在给那些有瑕疵的球包裹毛茸茸的外衣之前,公司决定给它们起一个新的名字"斯泊汀高弹力球",并且把它们定位为价格低廉的儿童用球。1949年,他们把市场扩大到街角的杂货店和玩具店。佩恩的版本紧随其后。斯泊汀、潘恩以及其他的球类制造者很快就看到了新球的价值,于是都抛弃了有缺陷的产品,生产更高质量的版本。

斯泊汀高弹力球对于第二次世界大战后居住在钢筋混凝土建筑物日益增长的城市里的孩子们来说是一个非常理想的游戏。它们有巨大的弹性却又足够柔软,不会像棒球和网球那样引起破坏。球的多功能性带给人无穷无尽的想象和游戏。斯泊汀高弹力球游戏中有击球员(通常用一根细的拖把柄或是扫帚柄)挥动手臂击球,对抗4人或多人组成对手队(拳球游戏是一个用手取代棍子的棍球游戏变体)。斯泊汀高弹力球规则与棒球的大多数规则相同,其中有一个例外:如果球越过屋顶就被认为是出局,而不是一个全垒打。理由是"因为你丢掉了球,"梅斯解释说,"你必须在场地内击球"。

后来涌现出来的其他流行游戏包括"我宣战"(I declare war),参赛者们拟定一些国家的名字。持球的人显出强硬态度,同时大喊:"我向你宣战……"然后便说出某个对手选定国家的名字便向他投球。在"门廊球"(stoopball)游戏中,参赛者把球从楼梯上抛下通向无电梯的公寓。参赛者必须在球弹回时最先抢到球。还有一个与它相似的比赛,叫作"屋顶球"——把球扔到一个有角度的屋顶,目的是在球落到地面之前抢到球。

这种球流行了将近30年,但是在1979年停止了(几乎所有权威人士都怪罪于电子游戏)。与此同时,斯泊汀高弹力球也淡出了市场。一些伤心至极的狂热斯泊汀高弹力球爱好者无法平静下来。纽约阿蒙克一个名叫罗伯特·狄夫洛开设了一个农舍作坊,生产自制的斯泊汀高弹力球。他的生产过程包括用砂纸给甩干机做衬里,把几十个网球投在机器里,用两天的时间脱去上面的绒毛。"甩干机里的绒毛乱作一团,"1999年,他在《纽约时报》上说,"但是这样很有效"。在别处,一个叫作"空中反弹"的公司在20世纪90年代中期每年生产20万个球,一直保持到今天。

1999年，在看到婴儿潮时期出生的人对袖珍笔记本的怀旧情结，斯泊汀把斯泊汀高弹力球重新带回了人们的视线中。新版本是传统斯泊汀高弹力球的一个复制品——公司甚至深入研究它的档案，以便通过修改橡胶分子式来给予球粉色的外表和特别的气味。《纽约时报》称这种气味"与新轮胎气味相似，但不是特别芳香"。随着不断的改进，这种新的斯泊汀高弹力球被吹捧为比原来的球更耐用。公司估计这种新的粉色球在它不能使用之前能以每小时80.47千米的速度在水泥地上弹跳500下。

尽管经过很大的努力，斯泊汀高弹力球还是未能彻底回到以前的街巷游戏中。因此，斯泊汀更多地强调斯泊汀高弹力球的复古价值。今天，在像Bed、Bath & Beyond以及Restoration等以前游戏者们喜欢的老店铺里仍有斯泊汀高弹力球出售。

数据与事实

尺寸： 粉色斯泊汀高弹力球的直径通常是6.35厘米，重量为90.72克。

名称： two sewer（两贯手）是指斯泊汀高弹力球的玩家能将球从一个下水道井盖（通常当作本垒）打出，连续越过另外两个下水道井盖。很多人认为这是个令人佩服得五体投地的技术，因为街上两个下水道盖之间大概相距22.86米。据说伟人们像威利·梅斯是"四贯手"（four-sewer men），这意味着他能把球打到90多米以外。

三十七
马 球

  如果你想要了解球类运动的发展历史，那就从马球（polo ball）开始吧。几千年前，中亚地区的人们开展了一项名叫"马背叼羊"（buzkashi）的运动，被认为是现代马球运动的先驱。游戏者骑在马背上疾驰追逐另一方，得到对方所带的球为胜利。他们使用的是一种极特殊的球：无头的山羊尸体（有时也会用死鸭子或者无头的牛犊）。

  皇室成员对这项运动的兴趣推动了这项运动的进步与发展，当然也包括制球材料的变革。在克什米尔北部地区的一个马球运动场附近，矗立着一块古老的牌匾，上面记载着这样一些文字："让平庸的人玩别的游戏吧，游戏之王的马球始终是王者的游戏"。的确，据推测，亚历山大大帝应该是一位狂热的马球爱好者。公元前336年，在他即将继承马其顿王国的王位时，据说他从波斯国王大流士三世那里得到了一个马球和球棍（这暗示新的国王将要坚持这项运动）。亚历山大开玩笑说，这个球和球棍代表着他想要征服的世界。

  波斯（现在的伊朗）很可能是现代马球运动的发源地，在那里这项运动叫作chogan或是chaughan（一种槌棒，现在美国马球球棒就是以此命名的）。但马球运动在其他地区的传播更进一步地促进了它的发展。一定是作为早期游戏者的西藏玩家改变了以动物尸体为球的方式，因为在藏语中pulu（或po-po）的意思是"柳树的根茎"，而这个词表示的是游戏使用的一种以植物为材料的球。当然，这个名字最终举世皆知。但是，一些皇室成员也许仍在坚持这项运动的古老传统。

  直到19世纪末这项运动才传入西方。19世纪50年代，被派遣到克里米亚站岗的英国骑兵首次注意到这项运动。回到英格兰后，他们在闲暇时间尝试玩这种游戏。很显然，在最初的游戏中，他们使用的是英式风格的板球。后来，他们坐船前往印度也把这项运动带到了那里。

大英帝国伟大的作家拉迪亚德·吉普林在有关马球的记载中对球的材质进行了详细的描述。1895年，在他的短篇小说《马耳他猫》一书中，他巧妙地借助一个叫马耳他猫的马之口来叙述，其中写到"竹子一根根单独种植，以便于它们的根茎之后为做马球所用"。在印度，正是由于马球协会主张必须使用竹子制成的球，这项运动才得以在国内开展。在其他地方，英国人使用柳条做材料（他们规定马球的尺寸必须略微大于篮球），而美国人则坚持使用椴木为材。

尽管采用木材为马球材料后，球的弹力有所增加，但由于球棍不断地击打，球很容易破裂或凹陷，它们最终都免不了被扔掉的命运。一种新的替代品在不大可能是马球温床的得克萨斯州的达拉斯出现了。20世纪70年代，文森特·迈耶从制造防锈肥料播撒机的过程中得到启发，并生产出了世界上第一个击打时与木质球有着相似弹力和感觉的塑料球。但这种耐用且溜圆的球有一个最大的缺陷。木质球在击打时会发出响声，这样游戏者可以借此躲过击打速度很快的球，但塑料球总是无声地在空中穿越。尽管如此，这种耐用的球还是获得了成功，木质球已经越来越少地出现在马球场了。

在塑料球改进的过程中，最大的受害者是世世代代制作马球的手艺人。印度加尔各答附近的地区曾是手工制作竹质马球的中心。到了2007年，这里仅存一家制作马球的手艺人了。历史上记载，在当地的那些公司里，制作马球是一种高强度的劳动。这其中需要先切割竹子，之后把它们搁置一两年，才能把它们切割成圆柱状形，然后用砂纸磨平，再把它们的表面打磨光滑。现在这项王者运动的用球被几家公司控制生产，其中之一是一个得克萨斯的肥料专家。

数据与事实

尺寸：马球的直径约为7.62～8.89厘米，重量约为127.58～134.66克。

变化：室内马球使用的是可充气的球，周长为36.83厘米，这基本上和一个大垒球的尺寸一样。

名称：chukker在马球中代表一个回合。一场比赛通常有6个回合，每一回合持续一段固定的时间（通常是7分钟）。这个词来自印地词语中的"轮子"。

三十八

推 球

19世纪末,随着第二次工业革命蒸汽时代的到来,人们在生活的各个方面都有了迫切的需求,这使许多事物变得更大更好(例如船、桥、建筑物,凡是你能想到的),连球也不例外。

早在19世纪,火警警报器的发明者摩西·G.克瑞恩有3个儿子,都在哈佛大学篮球队打球。在看他们打球的时候,他想为什么这项运动不能用更大的球来玩呢?那样观众可以更清楚地看到各个动作。1894年,他向马萨诸塞州的牛顿运动协会提出了他的想法,并在一年之内实现了一项创新:推球(pushball/bladderball/cage ball)。

实际上,推球的确是一个巨大的发明。第一个推球的外皮直径大约1.83米,重约31.75千克,外面是皮革,里面包裹着巨大的球胆。克瑞恩的发明吸引了一群有实力的支持者们——在这些人中就有一位运动商品巨头阿尔伯特·G.斯泊汀。他因生产美国几乎每一种球类的运动设备而出名,这次他又把推销头脑用到了推球上。斯泊汀发表了一本关于"巨兽球"的历史和

规则的书，并且出售过与克瑞恩的原创很相似的、官方的（或正式的）"斯泊丁推球"。在斯泊汀的书中，这个游戏和足球的玩法很相似，11个运动员在同一边设法让球进入球门。

大约同一时期，推球成功地推广到美国和英国。在纽约展览会上，推球在小号的乐曲声中闪亮出场，此举获得巨大成功。推球横穿亚特兰大，获得了英国人的喜爱。有记载说，后来的国王乔治六世在小时候就玩过这个游戏。

尽管如此，这个游戏从来没有真正地俘获这两个国家的想象力。在两个地方它确实很有把握成为一份永久遗产：军事基地和大学校园。在两次世界大战期间，美国湖、华盛顿、帕里斯岛、美国南卡罗来纳州的海军基地都使用过这个球。这个游戏在男女同校的大学得到了更多的热爱。几十年来，推球比赛一直是美洲各大高校大一和大二学生的重要比赛。19世纪初制定的法律都显得不那么重要了。最后，这项比赛逐渐向所有人开放，随之而来的是代表双方的参赛队员成群结队地殴打。

耶鲁大学在对抗中加入了球自身的旋转。1954年，各个队伍在学校的报纸、年刊、广播电台和幽默杂志等媒体面前，以推球为武器摆开阵势。可能因为推球是从它的对手哈佛大学开始的，耶鲁的组织者就将这个游戏叫作"膀胱球"。耶鲁膀胱球的故事使推球在美国最终走向灭亡是有一定意义的。由于这个国家的人越来越爱打官司，这种大球运动就显得太危险了。颇具讽刺意味的是，1982年，一个大球运动的爱好者——后来的职业棒球大联盟理事及耶鲁大学校长——A.巴特利特·戈马蒂在经过一系列的受伤事件后，在康涅狄格州纽黑文市的大学校园禁止了这项游戏。

尽管这项游戏有些萎缩，推球还是以"笼球"的形式存在着。一只"笼球"的直径可达到1.83米，与推球相比，笼球有点野蛮。与推球棕褐色的皮制表面大不相同，它的外表面是尼龙的，涂满了8种不同的颜色。尽管存在一点主要的不同：笼球的基本市场在小学生当中，所以暴力行为大大减少，但是在游戏时它仍然是推来推去的，这点与推球相似。

数据与事实

尺寸：推球直径一般是1.83米，重22.68千克；笼球大小与之相同，但是比推球轻。

马上推球：当步行版本的推球变得停滞不前，欧洲盛行起"马上推球游戏"。

当然，一个关键的问题是找到马踏上去时不会爆炸的球。

名称："推球"一词在早期的游戏中有特别的意义。1905年出版的一期《国际杂志》描述推球为"轰动"的游戏，其策略之一就有一项是调遣一个队里的8个成员形成一个盒子来应对对方11人的对抗阵容，这样，剩下的3名运动员就可以乘机突破。

 三十九

短网拍墙球

约瑟夫·索贝克可以说是球类世界里最不幸的人。然而奇怪的是,这并没有使他烦恼。索贝克以前是专业网球和手球选手。1950年,他在康涅狄格州布里奇波特市一家生产橡胶的公司担任文书工作,如果谁想开发球类游戏,这是一个合适的好工作。之前在球场上摸爬滚打了好多年,而文案工作迫使他整天都坐着,索贝克发现自己的腰身日益变粗。他觉得有必要开发一种适合整日坐办公室白领们可以玩的室内运动。显然,手球运动耗力太多,而板网球运动又太过于安静。

索贝克要发明的是短网拍墙球(racquetball),并且开始不知疲倦地研究。然而制作游戏所用的特殊的短网拍是重要的一步,他把这种拍子叫作"桨拍"。他还利用关系请生产线上的人帮忙完善游戏所用的球。最开始使用的是网球的内胆,很像棍球,但是他很快就放弃了。随后他提出让工人们制作有一定弹力的球,一种中空的橡胶球,要比手球柔软,但又不至于像手球那么四处乱弹。一个名叫"seamco"公司的加入使得短网拍墙球最终得以问世。索贝克看到新的球时惊觉它真是神奇的作品,他说:"当你击球时,它会发出一种奇异的砰砰声,这声音简直美妙极了。"

为了推销他的新球和这项运动,索贝克开始随基督教青年会到全国各地进行促销活动。有趣的是,因为他以前曾经是职业网球运动员,这导致他不能参加任何基督教青年会举办的业余短网拍墙球比赛。在19世纪60年代,一些有抱负的雅痞人士把短网拍墙球当作一种最完美的健身运动。随着这项运动的发展,索贝克把开发工作交给了有经验的管理者们。

从经济学的角度看,索贝克把握的时机非常好。他10多年的旅行推销活动使短网拍墙球变成了一项巨大的产业。很多公司,比如高露洁棕榄有限公司和时代有限公司都投资了这项运动,生产商努力工作才能满足球的需求量。1977年,seamco短网拍墙球的销量达到1 400万个。这是个惊人的数字,因为在这之前的7年间,生产厂家的销售量也不过30万个。不仅seamco有限公司,还有其他的公司也都议价限量销售短网拍墙球。1978年,《华尔街日报》报道这种原价60美分的球已经卖到1.75美元。一些正规的资本杂志装腔作势地声称,在某种程度上这种利润是"不体面的"。

数据与事实

尺寸:这种球的直径约5.72厘米,重量大约39.69克。

变种:1976年,英国出现了"墙网球"(racketball)的版本(racketball与racquetball名字上的区别不大)。随着规则的不断改进,这个版本使用了更小更有活力的球。

名称:当球员在恰当的高度和深度击球时,这个击球位置就叫作理想击球部位(joy zone)。也有人把这种情况叫作"球落自家桶"(when the ball falls into your bucket)。

四十

红色操场球/樱桃球/红色公用球

如果让我们去想象一幅小学操场上的画面，我们脑海中很容易就会浮现出孩子们在铺满沥青的操场奔跑追逐的场面，这场面里一定少不了一只大大的、轻轻的可以充气的红色大圆球。传统的儿童游戏，比如儿童足球、躲避球和四角球都属于操场球的范畴——在某些地区也叫作樱桃球或红色公用球。毫无疑问，这种结实的球给许多人（不管是表面上还是形象上）都留下了不可磨灭的印象。尽管如此，实际上这也是一种相对的新现象。

这种受欢迎的球起源并不是很早，大约是在20世纪40年代晚期到20世纪50年代早期。当时球类生产行业著名的沃伊特公司在第二次世界大战结束后的第一年里就开始生产这种红色操场球。为什么是红色呢？因为这种颜料在击打过柏油铺成的操场表面时仍然能始终如一地保持原来鲜亮的红色，就像红色的砖块一样，在太阳底下也能很好地保持它的本色。这种球的广告宣传开始于1947年。在之后不到10年的时间里，这种球就已经随处可见了。一篇《洛杉矶时报》的文章叹息像"山大王"（king of the mountain）和"岩石上的鸭子"（duck on a rock），这些传统游戏竟被一种从一年级的小孩到八年级的年轻人都可以玩的大球所代替。这种球的尺寸和当时的足球差不多，可以相互随意地扔来扔去、弹来滚去。

在操场球出现之前，孩子们也在玩类似的游戏。躲避球至少起源于20世纪初期。根据一本1909年的规则手册，早些年代的硬篮球是被用来击打对手的。（为了保护学校里的财产，孩子们在教室里玩的是一种又轻又小，被叫作"气球"的球。）在

20世纪初的一些《儿童垒足球手册》里可以查找到关于足球或篮球是操场球的前身的纪录。靠来回击打得分的四角球（square ball）在当时也是孩子们喜爱的游戏之一。

但是这种红色球（red playground ball, red utility ball）的好处不止于此：当一群孩子在玩耍这个球的时候，一时兴起改变游戏玩法时，柔软有弹性的橡胶表面比起一个篮球来说对孩子的伤害要小得多。令人遗憾的是学校的铃声一响，满操场到处跳跃着红色球的景象可能很快就会在记忆中淡去。生产公司逐渐生产出各种专用球。例如现在用纤维包裹的躲避球，可以减少被击打时产生的刺痛感。对于怀旧者来说，最糟糕的一点莫过于现在这种球不再只有红色一种，颜色越来越多样。

数据与事实

尺寸：一个传统的红色公用球直径大约21.59厘米，重量为328.86～377.06克。一个成人的垒足球组织（世界成人垒足球组织）认为球的尺寸应该大一点，直径在25.4厘米最好。而有时20.32厘米躲避球也显得有点小。

名称：躲避球（dodgeball）的叫法各种各样，包括听起来很危险的游戏，比如：炮击球（bombardment）、监狱球（prison ball）、医用球（medic）以及"人人为己"（everyman for himself）。

高价球

说是怀旧也好，说是对历史的投资也好，无论在网上还是在拍卖行，带有历史意义的球卖得特别好。很明显，各种体育项目都有值得购买的特殊物品。例如：

1. 在1995年的拍卖会上，一个1840年的带羽毛的高尔夫球卖到大约2万英镑（约3.2万美元）。

2. 英国足球明星吉奥夫休·吉尔在1966年世界杯决赛上，上演了帽子戏法而使英国获胜时使用的球。这个球在1996年的一次慈善捐赠会上被《每日镜报》从一个德国球员手里以7万英镑（约10.57万美元）买走。

3. 网上一个带有原创"1965 Atom Logo"的大版飞盘（红、蓝或多色）可以卖到25英镑，其原始价格为99美分。

4. 一颗1880—1910年间生产的美国莱顿深红色弹珠可以卖到1 200～2 000美元。

5. 2001年，在汤姆·汉克斯主演的电影《荒岛余生》中使用的一个"Wilson"排球以1.84万美元的竞拍价格被买走（实际上这部电影使用了3个"Wilson"排球，这只是其中一个）。

6. 马克·麦奎尔在1998年的那个赛季里打出的第17个本垒打所用排球被漫画书作家托德·麦克法兰以304.5万美元买走。当时这只球代表了当年本垒打的最高纪录。后来这个纪录被巴瑞·邦兹打破。托德·麦克法兰又欲以517.5万美元的出价购买邦兹这只破纪录的本垒打排球。

7. 在1932—1933赛季英格兰和澳大利亚之间进行的系列赛中，一个英国人把球直接投向一位澳大利亚球员致对方颅骨骨折。2005年，这只球的价格达到1万英镑（约1.82万美元）。

四十一

轮盘球

弄清轮盘球（roulette ball）真正起源的概率几乎和在赌场里赢钱的概率一样。有些人认为是罗马人根据转动的马车车轮创造了这种游戏。但是，也有些人认为是法国的多米尼加僧人模仿中国类似的游戏才将这种球引进欧洲的。

然而即便上面的这两种说法都是正确的，似乎把人们热切关注的这个轮盘上的小球说成是一种赌博用球也不妥当。我们无从得知轮盘球出现的确切时间和地点，但经过综合分析可知它大概出现在17世纪中期。一般来讲，人们将现代轮盘球的设计归功于著名的法国数学家及物理学家布莱斯·帕斯卡。尽管布莱斯最擅长的是几何学和概率理论的研究，他却通过剖析永动理论而制成了轮盘球的模型。永动理论认为人们可以制造出一种释放能量多于本身消耗能量的机器，但最终这个理论被证

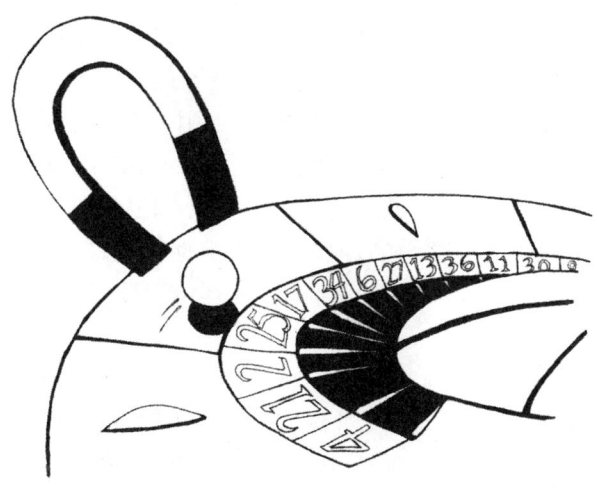

明是错误的。

从热力学角度看，布莱斯设计的轮盘永动机是失败的。然而70多年后，赌徒们发现这个轮盘能够演变成一种很刺激的赌具。英国人把这种游戏称作"roly-poly"（意思是矮胖子），还有"even-odd"（奇-偶）。但是严肃认真的英国人为这种消遣活动设置了很多限制，这为后来法国人发明的靠惯性自由旋转的轮盘打开了先河。直到18世纪90年代，赌盘球才真正得到人们的认可，并呈现出以后半个世纪里一直沿用的现代轮盘的雏形。似乎可以确信，现代轮盘球体系建立之前，轮盘上转动的球是由象牙制成的。这种通过屠杀大象而得来的原材料，受到了玩家们的青睐，也由此证明了象牙的确是制作轮盘的最佳材料。象牙本身的质量和弹性使得象牙球在从轮盘高处被抛下时，仍能继续弹跳。

阿尔伯特·爱因斯坦曾经说过："除非是偷钱，否则休想在轮盘赌桌上赢钱。"对于爱因斯坦这样的天才数学家，我们真的很难辩驳。所以正如我们所能料到的，一直以来想通过作弊在赌球中赢钱的人通常会在球上下功夫。在19世纪，通过做假球来增加获胜机会的事件频频出现。似乎是由于这种有损赌徒利益的概率还不算很高（增加了赌徒们至少5%的获胜率），大多数赌场已认可了这些作弊行为。每一个球都有一个对应的被暗藏在轮盘下的电磁铁，这样一来，每个球都有了一个配套的小铁芯。看着满桌铺开的赌注，赌台管理员们按下一个按钮，激活桌上的磁铁，然后球就会滚向轮盘上很少有投机者下赌注的位置。

随着1931年赌博在美国内华达州的合法化，政府为了做出一番可观的业绩，开始监管赌场中的作弊行为。然而，商业诈骗犯们依旧使用自己的那些小伎俩。直到1977年，在伦敦的一个俱乐部里出现了一个声称自己操控了赌球的男人。他断言自己曾经用一个铁芯球冒充了一个普通的球。然后，他把一块磁铁藏在一位女士的手提包里，由此操纵了球的滚动路径。无论这个故事是否属实，2003年，一个真实的例子确实在澳洲的一个赌场上演。一个由5人组成的小团队带着一个铁芯球来到赌场，然后用一个自带的装置使球停滞在3个预定的位置上。短短几个星期，他们就赚了25万镑（约40万美元），直到球吸到庄家的袖扣上时，才被一个赌场主当场逮住。知道这件事的赌场主们纷纷采取预防措施避免这种具有魔力的球再次出现。他们将球抛出，通过在桌子附近安置的磁铁来检测该球是否含铁，有时他们还会购置设备，防止有人在地板上装置电磁设备。

所有的这些措施都没能阻止那些真正有野心的人采取进一步行动。2004年，在伦敦的一个赌场里，竟然有3个人在没接触过球的情况下赢了1 300万英镑（约2 300万美元）。实际上，这一次他们使用了计算机确定了球落下的大致位置。基于对球的体积、球道的形状、轮子的倾斜度等球和轮子特征的了解，他们把胜算从37∶1提高到了6∶1。

有人认为，在真正的詹姆士·邦德风格的赌场里，诈骗者们会使用一种内置在手机中的激光扫描器来计算球和轮子的速度。就在球开始转动，赌徒们忙着下注的时间里，骗子们有足够的时间拿起他们放在桌上的芯片。毫无疑问，这至少证明了帕斯卡的数学才能。

数据与事实

尺寸：在美国，轮盘球的直径为1.91～2.22厘米，重量一般为45.36克。而欧洲的球要相对小一些。

奇闻轶事：2004年，一个名叫阿什利·雷维尔的英国人将自己毕生的积蓄，共13.53万美元押在了拉斯维加斯的普拉萨酒店赌场里不停转动的球上。而令人惊讶的是，他竟然押对了红色，赢了2倍的钱。

名称：balling tripping（球径法）是一种作弊手段，在球运行轨道上的开始部分钻一个洞眼。然后，赌台管理员会按动一个按钮，提前使球滚到轮盘上。不过手段高超的赌徒即便是在那些小伎俩的干扰下仍旧能够控制最终的结果。

四十二

橄榄球

　　正如其名,这项运动起源于英格兰中部名叫"Rugby"的小镇上的"Rugby"学校。传说有一天一个叫威廉·韦布·埃利斯的学生在足球比赛中随手拿起足球,然后抱着球向前跑,由此橄榄球(rugby)运动在19世纪20年代诞生。虽然这个故事可能纯属子虚乌有,但是橄榄球却成为此后20多年里很受孩子们喜爱的运动,并且由两位极富创业精神的修鞋匠得到了改良。

　　威廉·吉尔伯特和理查德·林登的修鞋店就在那个橄榄球学校旁边,为学生们提供皮革制的橄榄球。起初他们卖的橄榄球比之前用于类似足球项目中的圆球要大一些,更接近长方形(尽管也有人把它说成是"李子形")。由于制作橄榄球要花费不少时间和精力,两个鞋匠一直忙得不可开交。但是每个做出来的球都不一样,因为它的形状取决于装入皮革内的猪膀胱——当时工匠们用猪的膀胱来做球。

好球和次品的差别在于球里面是否充入了足够的气压。因而，制成一个优质球需要的不仅是质量上乘的皮革和娴熟的手工技巧，还需要制作者强大的肺活量。在手动打气筒出现之前，工匠们自己用黏土制的吸管往球里面吹气。这项工作既需要强大的肺活量，又需要坚定的意志力，因为很多猪膀胱感染了病菌，而且有一股难闻的臊味。

下面说的是吉尔伯特超越对手林登的优势。在19世纪50年代，吉尔伯特有个侄子，该人肺活量超强，詹姆斯成了吉尔伯特的秘密武器。詹姆斯是个非常优秀的摇滚歌手，甚至有人曾说他是"拥有超强肺活量奇人，能吹起大型比赛的所有用球"。那么，谁在林登的店里干这个活呢？当然是他的妻子。对，尽职尽责的林肯夫人负责吹皮囊。但是，这项工作干了多年之后，她最终因患上了肺部疾病而死去（可能由于接触了带有病菌的猪膀胱引起）。

有人可能会认为妻子的惨死会阻碍林登的进一步发展，实际上他却因此得到启发。硫化橡胶的发明使他有了用硬橡胶代替猪膀胱的想法。他还发明了黄铜制的手压泵，这样他妻子的惨痛经历就不再会出现在其他人身上。然而，不幸的是，他不太擅长深谋远虑，而且忽视了为自己的发明申请专利。后来，吉尔伯特家族开始了橡胶囊的发明，这成了行业规范（使得一大批猪幸免于难）。

新材料的出现使球的设计得到了规范化。椭圆形最终被确定为橄榄球的形状。第一批橡皮球看起来有点像西瓜，或者如当代的一首歌里所提到的"长得过大的鸡蛋"。队员们发觉这个像西瓜般大的球实在不方便，便要求组织者缩小球的体积。经过多次改良，不仅球的体积变小了，表面也变得光滑了（尽管没有美式足球的尖头）。

吉尔伯特家族——这群狡猾的商人们，为了吸引澳洲和新西兰的球员，开发了产品邮购市场，最终控制了整个产业链。尽管吉尔伯特家族在1978年卖掉了公司，新的继承人和其他商家仍旧不断通过高科技手段改进球的外壳材料及拼板的配置来对球进行调整。

数据与事实

尺寸： 橄榄球协会的球长是27.94～45.72厘米，周长58.42厘米。重量为411.08～453.6克（或略重些）。

变化： 在大多数美国人提到橄榄球时，总会想到橄榄球协会。到了19世纪末，在英格兰北部，橄榄球联盟诞生了。该联盟不仅在当地很受欢迎，而且在澳大利亚和新西兰的部分地区也很受欢迎。联盟里的比赛用球比普通球要稍微小一些，轻一些。

奇闻轶事：在19世纪，橄榄球的内部材料都是来自世界上最有名的雨衣之一。查科莱斯·麦金托斯不仅制造出第一种防水布的雨衣，而且为早期橄榄球的橡皮囊提供了原料。

名称：在橄榄球运动中有时候通过做假传球动作来迷惑对手是最聪明的战术，称为dummy。而dummy-half在橄榄球联盟中是表示位置的术语。

四十三

铅　球

推铅球（shot put）是人与球对抗的终极竞争。这项运动不需要用球击墙，不需要将球打过球网，也不需要挥拍，更不需要戴手套。推铅球就是尽力将重重的金属球推得越远越好。

尽管荷马在讲述特洛伊战争时提到战士们之间进行的扔石头比赛，但是在荷兰举办的古代奥运会却令人惊讶，因为并没有这个项目。掷铁饼才是当时运动员的选择。推铅球运动起源于苏格兰。据说苏格兰比赛用的石块（比现代的铅球大而且重一些）出现于2 000年前的苏格兰高地，抛石块是当地的一项重要比赛。

在英格兰掷卵石历史悠久。12世纪时，一个叫威廉姆·菲

茨斯蒂芬的修道士写了一个关于在伦敦附近修建的孩子们的运动场地的介绍，其中就有"扔石头"。1365年爱德华三世当政时期，抛石头被列在禁止的运动项目中，好让年轻的男性将这些精力放在需要更多重要技巧的射箭上。尽管这项限令一直存在了几个世纪，它却没能妨碍皇室成员玩扔石头的游戏。爱德华三世颁布法令的150年后，著名的亨利八世继位，他极其热衷扔石头游戏，或者系着绳子的重球游戏。

随着时间的推移，金属球取代了石头。最早人们投掷这种球，路线像是发射炮弹。那时的球都是用石头做的，因为金属的成本太高。但是在17世纪，金属球已经成为军用子弹的通用材料，这使得军队的士兵们开始投掷金属球来代替石头做的球。1860年建立了正式的比赛规则，其中规定国际男子比赛正规用球的标准重量是7.26千克（女子比赛用球比男子用球的重量一半稍微重一些）。正是由于球的这种重量，也规定了参赛者禁止曲臂投掷（曲臂投掷更具危险性），在球被投出前需放置在颈窝处。这项运动演变成田径比赛的常规项目之一。尽管遭到希腊人的强烈反对，该项目还是被列入了1896年第一届现代奥运会比赛项目中。

尽管石头使球看起来很重，但投掷时自由选择轨道还是体现了推铅球的灵活性。在国际比赛中，比赛用球的制作材料要么是黄铜，要么是铁。在一些情况下，不锈钢和聚亚安酯可作为制作材料（关键是球表面必须是光滑的）。在球的大小上，参赛者有一定的选择余地。球的体积大概是一个西柚的大小，但是直径可以在2.54厘米左右变化，这样球员就可以找到自己的球感。

想要成功地推铅球，找到正确的状态很重要。帕里·奥布莱恩曾在20世纪50年代赢得两次奥运金牌。他相信饱含一点愤怒有助于自己的成功。他曾说："推铅球时你得做好心理准备，你要变得紧张，热血沸腾，这样你自身的新陈代谢速度会随之加快，心脏像杵锤一样跳动。我尽力让自己狂热起来。当我为比赛做好准备时，我的内心已经进入了另一个世界。"

数据与事实

尺寸：男子用球的直径在11～13厘米，而女子的在9.5～11厘米。男子用球重7.26千克，女子用球重3.99千克。

变化：用一个铁丝拴住铅球，并将手柄连在另一端，就成了链球。链球也是奥运项目之一。

奇闻轶事： 对于一些人来说，投掷小小的铅球是微不足道的。记录显示有人还投掷一些难以想到的物体，比如：整个冰冻的金枪鱼（超过37.19米）、牛粪（55.57米）、擀面杖（53.47米）、手机（大于95.71米）。最高的铅球纪录是23.11米。

名称： "滑步"（glide）和"旋转"（spin）是铅球项目中的两个技术动作。滑步是初学者的典型动作，它需要运动员在抛出球之前，侧移一步到一个指定路线上。旋转是高难度的动作，要求投掷者在掷球之前背对出球方向，在出手投掷前，身体从后向前旋转180°发力。

 **四十四**

爱尔兰曲棍球

制作爱尔兰曲棍球(sliotar)的第一个原则:如果你选择用自己制作的球,你将会具有竞争优势。奈德·特斯顿那天一定是错过这堂课了。

特斯顿来自爱尔兰南部高威高特的一个小村庄,1886年,他被选入参加对抗北蒂帕雷里的爱尔兰曲棍球队的比赛。在几个世纪以前,爱尔兰曲棍球是一项粗野的运动。该运动的特点就是每个参与者都手持一根球棍,那是一种雕刻好的短木棍,在运动过程中竟然变成以相互砍打为主要目的——尽管原本的目的是用木棍击球,使球绕过门将打进对方球门,因而叫作爱

尔兰曲棍球。在都柏林的二月份,两支球队都携带了自己的球来参赛,同时他们都不同意在比赛中使用对方的球。

参赛队员特斯顿,也是一位做贸易的皮革工人,他离开球场,来到了都柏林城堡附近的一位马鞍工匠那里,在那里他亲手制造出一个让两支球队都满意的球。特斯顿也因此作为制作现代爱尔兰曲棍球的创始人,而不是比赛获胜者而流传于后世,特别是在他的家乡高特。尽管他制作出了让双方都满意的球,但是在那天的比赛中,他所在的球队以0:1输给了北蒂帕雷里队。

特斯顿推动了现代爱尔兰曲棍球的发展,这种球确实是一个传奇。实际上,这种球在凯尔特人的神话《库胡林传奇》中有着显赫的地位。在这部神话中,一位名叫塞堤塔的少年英雄手持银杖,他是玩曲棍球的高手。根据其他神话的记载,他用曲棍球杀死了恶犬。其他传说写到凯尔特侵略者用曲棍球比赛击败爱尔兰原住民,从而赢得了领土。甚至是从词源学上来断定爱尔兰曲棍球也给人这种感觉,大多数专家都相信"sliotar"一词结合了爱尔兰语sliabh(山脉)和thar(穿越)。

不同于珍贵之球塞坦塔,早期的爱尔兰曲棍球都由简易的材料制成。尽管有时候铜也是常用的制球材料,但通常是在实心的木球外面包裹上线和皮革。当然,这种球最大的问题就是球身过重。扔进爱尔兰潮湿的空气中,这种多孔的球最后因为吸水而变得非常潮湿。

与特斯顿一样,来自利默里克郡德的布拉夫,一位名叫约翰尼·麦考利夫的曲棍球选手成为另一位重要的比赛用球改革者。在20世纪初期,他用软木核代替了实木核,这样做出的棒球更有弹性。同时,他用晒过的猪皮代替了容易浸湿的棕色皮革外层,使得球在雨中更好用、更耐用。同样重要的是,麦考利夫还在球的缝合处发明了球边(想到了有较大褶皱的软棒球)。这点很重要,因为当你试图用球棍运球的时候(这样合法的动作共有4个步骤),有球边的设计效果更好。麦考利夫的版本是一个重大突破,它成为制球的标准。

爱尔兰人对于爱尔兰曲棍球的态度一直十分严肃。在2006年,由于科克郡的球员试图在一场重要的比赛中,偷偷带进未经批准的比赛用球而引发了一场冲突。在比赛中可能会对球的版本发生分歧,但是在爱尔兰很少有人质疑球的来源——产自爱尔兰绿宝石岛。实际上,体育主管部门盖尔运动协会有规定,要求比赛用球必须产自爱尔兰工厂。但是,在2008年,有关部门透露有大量的爱尔兰曲棍球是从巴基斯坦和中国等地进口而来的。"我们生活在现实世界里,时代变了,许多制造商已经迁移到国外了。"盖尔运动协会执行官派特·达利带着讽刺的口吻遗憾地说。达利是在距一个世纪前,特斯顿推出他的新球仅仅10千米之遥的地方说出这番话的。

数据与事实

尺寸： 球的周长为22.86～24.89厘米，重量为110.57～119.07克。

变化： 和爱尔兰曲棍球棍一样，爱尔兰曲棍球也曾在一项叫作carmogie（更轻更小的球）的女子运动中被使用过。在苏格兰shinty（小型且规则更接近曲棍球）项目中也使用过更轻更小的（周长2.29～2.44米，重量70.88～85.05克），设计类似于苏格兰曲棍球的球。

名称： 尽管现在这项运动只是简单地叫作苏格兰曲棍球，但是在18世纪时它以"曲棍球进球"（hurling at goals）为名。其他版本的曲棍球特点是全村人在几平方米的场地内吐口水的大会战。

四十五

英式足球

在整个世界中,足球被认为是最美的运动,然而最早的足球却远非如此。尽管中国人在2 000多年前就开始踢着球到处跑,正如我们所知,足球这项运动在1 000多年前起源于大不列颠岛。那些民间球类运动和节日比赛的队员们就是在没有规则的混乱情况下,在宽阔的场地上进行竞争。这个项目如此激烈而且危险,以至于很多国王和自治市长多年以来对此运动下了禁令。

尽管英国人叫它足球(soccer ball),但是这并不意味着比赛时就一定要用脚。一些学者坚持认为这个术语只能说明这项运动是站在地面进行的,而不是在马背上。如果这是真的,可以看出马上足球和马上篮球当时都不流行(尽管马球曾经盛行过)。有人说这个名称很激励人。当地人使用这个术语,那是因为这个球的大小正适合被踢,而且用脚踢出去之后,还能相应地弹出一段距离。无论最初的情况到底是怎样的,各种不同说法为足球的发展增添了传奇的色彩,当地居民在不断寻找合适

的足球,包括充气的猪皮、羊皮、牛皮球、缝制的球,甚至颅骨和人脑(谁能想到头盖骨能有这么大的弹性?)。

由于足球比赛是从小型的军队比赛演变成有球门和固定数量的球员的竞赛,所以当时在猪膀胱的外面罩一层皮革的足球就成了制球的标准。然而,组织者们不厌其烦地令其更加标准化。1863年,英国足协成立。最初的规定中并没有涉及球的外观性状。所以在之后的9年时间里,人们踢着各种奇形怪状的球,直到有人提出大家如果使用统一规格的球比赛会更好。之后又花了更长的时间来决定球的统一重量。

据说,在那个时候,确定足球的重量是件近乎学术性的问题。尽管足球的内部填充物已经从猪皮变成了耐用的橡皮,但是附在外层的皮革需要拼缝,在英国潮湿的球场上很快就浸满了水。结果是,足球变得和石块一样重。想象一下在英国寒冷的日子里,头上顶着块坚硬的石头,那种感觉真是不太好。但是这并没有阻止一些20世纪末期的勇猛球员们用头击球。一些科学家已经开始将这种做法和上了年纪的球员的痴呆病联系在一起。

就像达斯汀·霍夫曼在电影《毕业生》中提到的,队员们应该认识到塑料袋的作用。在20世纪70年代,足球的防水作用减轻了头上的创伤。在这段时间里,人们又对足球进行了改进。一位叫R.巴克敏斯特·福勒的美国建筑师对足球外观的改造超过了任何人,他喜欢改革世界上的各种运动。福勒因为发明了网格穹顶而闻名,他还设计了将20个六边形和20个五边形拼凑在一起,组成一个近乎完美的球体。这项发明的实际目的并不是为了运动本身,而是想要创造一种能够使用最少材料的方法。然而,这几十年里,巴基球(buckyball)成了英式足球的代名词。

现在,巴基球已经不再用作世界级英式足球的标准球。因为这项运动具有很强的商业性,它永不停息地朝着更新颖、更强大、更高科技的方向发展。当今,高端的足球不再是手工缝制而成,而是在热技术的帮助下,将球黏在一起。据说当鞋踢到球时,球表皮质上微小的合成材料能防止打滑。可是,这也并不总是好事:世界杯引进的球都曾遭到球员们的激烈抨击,他们讨厌光滑的新材料,或者说球的轨迹被异常地改变了。革新始终在进行着,现在甚至出现了最前沿的微芯片,它能告诉人们球是否能够被踢进球门。那就尝试着植入人脑吧。

数据与事实

尺寸:100年来足球的大小并没有多大改变:周长为68.58～71.12厘米,重量为396.9～453.6克。

奇闻轶事：一些历史学家声称，苏格兰的玛丽女王曾经在最早的现代足球赛中的某一场担任裁判。据说在1568年被禁闭在卡莱尔城堡中时，女王将一个皮球从窗户踢了出去，并且观看了英格兰和法国侍臣之间20人对阵的比赛。尽管没有对当时比分的记载，有记录称在比赛时的比分相当大。根据《苏格兰日历报》所说："女王的随从们在女王的面前，激烈地、敏捷地、灵巧地玩足球，没有人犯规——球虽然小，但是比赛很公平"。

质量监控：1946年，英国足球协会举办的足球决赛——英国足球的皇冠赛事，被一个质量差的球毁坏了名声。德比城队和查尔顿勇士队的比赛以1∶1打平，宣布加时比赛。就在常规赛接近尾声时，比赛用的足球突然间爆炸了。尴尬的官员们为了调整场上的不和谐气氛，德比城队最终在加时赛中连进3球以4∶1夺得了比赛的胜利。令人震惊的是，一年后，又一个足球爆炸了。组织者将这些危险的足球爆炸的原因归咎为第二次世界大战后糟糕的制球材料。

名称：为了将足球和其他运动项目区分开，19世纪的比赛承办者把足球比赛称为"英式足球"（association football）。有人说soccer这个词是association的俚语缩写。

四十六

垒 球

世界上的垒球（softball）运动员都对拳击项目充满了感激，原因是拳击手套为垒球的发展奠定了基础。垒球的起源要追溯到1887年，在芝加哥一个寒冷的感恩节下午，将近20个年轻男子在密歇根湖畔一个哥特式的法拉格特船库中焦急地等待着哈佛和耶鲁的足球比赛结果。

当"耶鲁17分，哈佛8分"的比赛结果公布时，小伙子们有点儿蠢蠢欲动。一位耶鲁的支持者当场捡起一个拳击手套，并将它扔向一个哈佛人。就在手套快飞到那人身上时，那人抓起一个扫帚把，将手套重新拍回到那个热爱耶鲁的人的脑袋上。尽管哈佛和耶鲁加起来有将近60人得了诺贝尔奖，但是接下来发生的事情应该能让他们在体育方面也得到奖项。

芝加哥贸易董事会记者乔治·瓦特·汉考克建议他们应该根据那个人的做法开展一项新的运动。他用带子把手套系在球上，把扫帚把改造成球拍，用粉笔将比赛的场地做出标志。汉考克非常喜欢他所看见的场景，而且当他从这股热情中清醒过

来时,便萌生了一个极富野心的计划。

接下来的一周,他一直在构想这个新游戏。汉考克作为一个学者而非商人承包了开发这项运动的所有工作。根据《1903年室内棒球指导》里的描述:"他指导奥古斯塔斯·杰·怀特怎样制造出一种在晚上也可以被看见的球,并且要符合比赛的所有要求"。尽管有关那个球的具体信息不得而知,但是工作的确在进行,因为在那个冬季这项运动很快就被传播开来。

在两年的就职竞选中,他公开发表了"室内棒球规则"。那时,他编制的比赛规则十分简单,但是几年后,他便提出了早期垒球的明确蓝图。一个标准的球应该是"在一个充满皮革碎料中心的四周包围着卷曲的马鬃,并用绳子系着连接在一起"。汉考克在1903年的《洛杉矶时报》中写道:"球的外壳是用比室外用球更柔软的马皮制成,但是马皮的捶打和缝补成型的风格是一致的"。

单凭汉考克充满基督教徒式的热情推广这项运动,他就该得到大家的赞许,但是对室外垒球进行改革的确不是他所为。随后其他版本的垒球运动开始在美国出现。例如在明尼阿波利斯,参与室外垒球的都是消防员,不过他们给垒球起了一个毫无创意的名字:猫咪球。还有叫运动场球、钻石球和"为我们服务球"(serve us ball)。而且每种叫法都有自己的球,有的球小的像棒球,有的球大的像甜瓜。但是所有这些都有一个共同特点:它们都是经过改良的棒球的重组,常常很容易玩。那时,棒球以最快的速度成为美国最受欢迎的消遣之一。

然而,即便是那些简单的棒球运动,也有一些规则。1933年在芝加哥举行的世界会为垒球的推广提供了场所。这次大会的主题是"一个世纪的发展过程"。在会上,各个国家都趁此机会向世界展示自己多方面的文化特点。当轮到美国展示自己的文化时,芝加哥记者利奥·费希尔和当地的运动产品交易商波利认为垒球是最好的选择,而且向承办商提出举办锦标赛的想法。他们做了一个重大决定:用"垒球"这一绰号来描述这项运动。这个名字是在那年稍早些时候被提出来的(大概是由于球体变得坚硬了,人们想用这个说法来表明这项运动和棒球有一定的联系)。在这个改变之前,我们在合作联盟中只能玩猫咪球。尽管有了这个固定的名字,比赛场上仍然出现了混乱。在这场交易会上,有55个球队受邀参赛。在参加这场比赛之前,他们几乎都有着自己的比赛规则,自己独一无二的球。这次锦标赛的确使用了大量规则(分慢投和快投比赛),但是有一点是普遍的:所有的比赛用球周长都为35.56厘米。

使用同样大小的球和一致的规则很重要,但是在困难时期,另一个主导推动力促进了垒球的发展。由于垒球不同于棒球,它可以在大城市中的一个小空间里进行,因而室外垒球很受市民欢迎。但是它也有不足:如果在沥青和混凝土上打球的话，球很容易被撕破。在经济大萧条时期，花钱再买一个新球是很奢侈的。弗雷德里克意识到了这个问题。在1934年，他为一种叫作"clincher"的垒球申请了专利。这个球的特点是缝在外壳里头的接缝。这种独特的设计防止接缝处触碰地面，然后破裂。尽管其他的公司像斯泊汀也有着自己的保护接缝，但是弗雷德里克的球在纽约和芝加哥是最受人喜爱的，这也使得通过对新设备的成本削减，赢得了该行业的主要市场。目前为止，"mushball"——40.64厘米的Clincher——成了风城芝加哥的时尚之物。

多年之后，其他地方的垒球，无论是在慢投垒球还是快投垒球比赛中，均为5.08厘米。尽管球的周长有了标准，但是仍旧无法阻止体育用品厂家通过对球的内部小修小补以使球飞得更远。但问题出现了：这些球有力量了，尤其是当他们制造了越来越多的有科技含量的球棒。现在，垒球界仍旧面临很多新选择。正如由于当时的情况，汉考克和他的朋友在最初使用了拳击手套，在当时，确定合适的比赛用球是最重要的。

数据与事实

尺寸：球的周长为30.16～31.12厘米，重量为177.19～198.45克。

与棒球的区别：与垒球相比，棒球的周长要小7.62厘米左右，重量要轻28.35～56.7克，球的外部有20多个红线接缝。

速度球：快投垒球比赛的运动员通过在大型垒球联赛中与超级明星对阵，表现突出而证明了自己的能力。据报道，鲁斯宝贝儿连续在1937年和1938年的垒球比赛中表现出色。1962年，一位很有人气的女投手琼·乔伊斯对峙特德·威廉姆。红袜队共投掷了40次，只有2次碰到了球。一次是打到球，一次是把球打下来。

名称：尽管这个项目叫作垒球，球却很坚硬。COR（coefficient of restitution）指的是垒球恢复原状的系数（即测量归还）。垒球的坚硬度必须恰到好处——既不太硬，又不太软。

四十七

弹跳球/地吸球/骑球/袋鼠球/跳球

早在19世纪60年代晚期和19世纪70年代初期,在美国和英国,为促进孩子们的心脏和思维发展的开拓,让他们在一个大的弹力球上玩耍成为一个新领域。它们在市面上出售时有很多名字:弹跳球、单足跳、骑袋鼠、袋鼠球和跳球(hopper, ride-a-roo, kangaroo ball, hoppity hop)。孩子们抓住这些球上面两个棱角或其他形式的把手弹跳。这些聚乙烯化合物球体给他们提供了许多的快乐时光。

这是一项大产业。太阳产品公司生产跳球,他们的营销策略是在电视广播和报纸上做轰炸性宣传。从1968—1970年,

电视上对跳球的大肆宣传无处不在。从报纸上到草地保龄球场上，从肯塔基州到洛杉矶、加利福尼亚，跳球的广告也是随处可见，它们都自豪地宣称"和电视里的一样"。对跳球的市场投资非常巨大，以至于当该公司把跳球推广从一个广告代理商换成另一个时，赢家居然在《纽约时报》上夸口说这是一个"有百万美元顾客"的项目——这在19世纪70年代早期的确是一笔巨大的数目。

其他公司在推销他们的球时依靠的是找明星代言。在1968年，这些球从欧洲传到了美国，袋鼠球的制造商赞助了著名的保龄球投手拉威恩·卡特，她是当时美国顶尖女运动员之一。作为合约的一部分，卡特带着3个球穿梭于各个城镇之间，其中两个是保龄球，另一个是弹跳球。当一位《迈阿密先驱报》记者采访时，卡特在一个袋鼠球上一边弹跳一边回答问题。

在英国，袋鼠球也有它自己的代言明星。1968年1月，一个叫伊曼纽·欣韦尔的83岁的老男爵，是首相阿特利行政机构的内阁成员，他为了配合一次摄影，同意在球上弹跳。另一个运动员莉莲·邦德赢得了那年夏天墨西哥城市运动会的400米亚军，也被花重金聘请在玩弹跳球之后为它唱赞歌。她说："它确实需要用很大的肺活量来跳，我的意思是说，你的腿真的需要使劲才能让它弹起来"。这些支持确实帮助袋鼠球成为当时的热潮，创作于1968年的一首新歌就是这股热潮的见证。特雷萨·布鲁尔唱的《骑袋鼠球》讲述了在球上跳动的乐趣，以及它在英国是多么受人欢迎。

如此激烈的竞争源于那些球不是单一的形式设计。阿基利诺是一个来自意大利的塑料品制造商，他先前发明过练习球，这也使人们把球的发展归功于他。1968年，他获得了一个大球手柄的专利。但是其他人也有自己的设计蓝图，比如说两个英国的发明家在同年获得了有娱乐装置的可骑弹跳球的专利。

然而到19世纪80年代，这些球的繁盛时期过去了，不过它们仍然在大西洋的两岸销售。人们在一些原始的弹跳球的表面画上了袋鼠脸的漫画，球的颜色是多样的，但是英国的第一个球更贴近橙色；美国的则通常是红色的、黄色的或是蓝色的。几年后，球上添加的许多著名图标使它们显得更加优美，包括米老鼠、唐老鸭、芭比娃娃和托马斯小火车。这使一个曾经通过弹跳而吸引人的球给人们留下了深刻的记忆。

数据与事实

尺寸：孩子玩的球直径约为39.62厘米，大人玩的球直径是79.25厘米。一个60.96厘米的球重量大约是1.81千克。

名称：这种球的其他叫法有神奇球、碰碰球、弹力球和醉袋鼠球。

与球有关的名言

几个世纪以来，作家们都喜欢借用球来描述这个世界，因此球也就成为文学作品中的常用词汇。有的作家用球来打比方，有的作家用它来发表观点。下面是5位思想家对球的评述。

幸福就像一只足球，当它在别处时我们要追逐它，当它停在脚边时，我们却要踢开它。

——德国作家约翰·沃尔夫冈·冯·歌德

不幸的是，男人即使没有使他劳累的原因，他也会感到疲惫；可笑的是，只需一样东西，比如打台球或其他的球，即使有一千个让他感到疲惫的理由，他也会不知劳累。

——法国数学家和哲学家布莱斯·帕斯卡

我的确在九点钟去找奶妈……要是她是个有感情、有温暖青春的血液的人，她的行动一定会像球儿一样敏捷。我所说的话可以把她抛到我心爱的情人那里。

——英国作家威廉·莎士比亚的《罗密欧与朱丽叶》

一个值得注意的事实就是，踢球打球在人类的生活习惯中占有可观的地位。它是过去人们生活中必不可缺的一部分，人们组织各种球类比赛，打球成了阻止那些文明人不去踢打他们妻子的唯一办法。

——爱尔兰作家乔治·萧伯纳

真理是强硬的。它不像一个泡泡，让你一触即破。它像一只足球，你花一整天的时间踢打它，到了晚上，它还是圆圆鼓鼓的。

——美国法学家奥利弗·温德尔·福尔摩斯

四十八
壁　球

　　纵观壁球（squash ball）的历史，在这种完美的球上达成共识还是很难的。讨论、争论和直接反对从该项运动诞生开始就几乎就一直紧紧围绕它。不过,这也许没什么可惊讶的,因为这项运动是由社会上层那些精英们建立的,讨论和争执早已成为他们的习惯和生活方式。

　　壁球,一种很小的球,是比它年轻的兄弟——短网拍墙球更精准的一种球类运动。它起源于19世纪中期时英国一个对富人和特权阶级开放的寄宿学校哈罗大学。故事是这样的,当时的年轻人玩的是一种老式壁球的游戏,也是向墙壁击球,但使用的是另外一种球。来不及或等不及进入这种赛场的年轻人就发明出一种新游戏。由于没有足够的空间去玩老式壁球,这些不耐烦的小伙子们就临时凑合着在紧挨着老式壁球场地的狭窄区域里玩。所以,为了不让球在他们狭窄的空间内弹得太远,他们不得不使用另外的规则和小一点的球拍以及更软一些的球。结果,这种新游戏很快得到别人的跟风。但是它为什么叫作壁球却另有争议。很多人认为它来自球击打墙壁时发出的声音。不过壁球专家詹姆斯·苏格不同意这种解释,他声称壁球的名字与哈罗大学另一项也叫作壁球和关于时间的仪式有关。

　　不管这项运动名称的确切来源到底是什么,当这些有钱人去旅行时,他们也把这项运动带在身边,并且没过多久就把这项运动推广到了美国。起初,一种既像壁球又像网球,并且使用网球的运动风靡美国。它很快就被美国的特权阶级,例如约翰·洛克菲勒和杰·古尔德所拥趸。但在这之前的很长一段时间，美国人一直在玩一种比这更大、更沉、更快的特殊壁球。对这些差异也有很多合理的解释，其中一种解释说，当时恰好有一位英国壁球官员带着关于壁球和球场的合理设计（因为美国球场也有点小）赶去美国，却不幸乘坐了泰坦尼克号而使计划夭折。另一个解释暗示着这种较大的美式壁球更适合在比较寒冷的新英格兰开展。新英格兰是美式壁球的发源地。第三种解释则认为仅仅是由于美国人太固执而不愿意采用英国人的方式。

根据苏格的说法，在美国，壁球的标准化仍然是20世纪末最令人伤脑筋的问题。最大的争论根源在于什么是壁球运动应该强调的因素。对于慢速球，关键看的是心血管的耐力。很简单，谁坚持的时间更长，谁就有可能赢。对于快速球，战术显得更重要，例如跑位和球的处理，并且大力击球更能得分。就很多方面而言，美国人受困于速度。如果说这个问题不值得争论的话，那么壁球的颜色也在北美引发了争执。由于壁球的颜色比较暗，美国壁球组织认为球场应该刷成白色才能更清楚地看见球。加拿大人不赞成这项提议，并坚持认为他们的球场应该保持良好的原木设计。解决这种分歧花了10年时间，最后终于规划出一个加拿大人和美国人都比较满意的颜色方案。

事情在英国就不太乐观了。在许多情况下，对于球的发展，那些贵族们的癖好往往起着重要的作用。1883年，哈罗大学一个名叫弗农·哈考特的毕业生在他牛津的家里建了一个壁球场地，而球的选择成了他最大的困惑。不是可玩性的问题，而是美学的问题。起初，他们用了黑球，可是效果并太好。后来由于哈考特儿子的一句话"给墙壁一个温和的紫色调"，他们最终改用了红球。

壁球精英们将来可能会为这项完美的球类运动还能持续多久而引发争论，但不管怎么说，科技已经允许选手们去关心其他的问题了——比如确认球是否已经良好地"热身"。在比赛进行中，凉壁球的弹跳力不如热壁球好（这就叫作焦灼时刻）。所以，如果一个球在激烈的比赛进行中突然破裂，不得不换一个新的凉球，那么整场比赛的动态都会发生改变。如今出现了一项奇迹：一些公司正在出售壁球加热器。当然，将来的某一天一定会开始一场关于这种好机器如何升级的争论。

数据与事实

尺寸：专业壁球的直径都是4.06厘米（误差在0.05厘米之间），重量大约是24.1克（轻微的偏差是允许的）。壁球对弹性和接缝强度也有要求。

奇闻轶事： 在20世纪80年代中期，两位英国牙医发起了一次合法的争夺战——关于能够很容易地在电视上学习壁球的专利权。壁球协会的执行官鲍勃·莫里斯，被称作"壁球运动在电视转播上的关键性突破人物"。这两个人最后以分割专利权而告终，但即使莫里斯再怎么屏息兴奋，这项运动也从未成为电视的宠儿。

名称： deadnick（死尼克）被认为是一种完美的撞击。它指的是一个球击中墙壁并沿着墙面落到地板，无法击打。

四十九

压力球

　　压力球（stress ball）几乎无处不在。当你到任何人员密集的地方逛逛，口袋里最后一定会多了一个印有公司商标的黏黏的球。当受人尊敬的雷曼兄弟公司破产的时候，它的投资银行得到了该公司最后的资产，2 055颗压力球。

　　我们看到压力球无处不在，却很难想象压力球的创意竟然是一个男人提出的。毫无疑问，长久以来，人们总是习惯于通过紧紧地握住什么东西来释放压力。但是直到1988年10月，移居加利福尼亚影视城的纽约人亚历克·卡斯韦尔提出了压力球的创意。他的产品是一个有微型芯片装置的蓝色软球，当它撞击到别的东西时会发出玻璃破碎的声音。卡斯韦尔说当他郁闷时把笔扔到墙上，然后就发明了这个东西。这支笔损坏了妈妈的一幅画，却启发了这个发明家去创造一种危害性更小的可抛投物体。"也许这可以让人们大笑，从而多活几年吧。"卡斯韦尔在那时说道。

　　尽管发明者具有禅道的灵感，但这一装置还是立即遭到了诽谤者的批评。在1989年，《体育杂志》还是毫不客气地指出："一只手拿着太大，很难抓住，而且泡沫聚苯乙烯材料又令人担心臭氧层……它好像是快餐盒、棒球、用坏的对讲机这些垃圾腐烂之后，勉强地变成了一个球。"这样的球竟然能找到属于它的运动场，或者，说得再具体一些，连热情的达拉斯的牛仔迈克尔·欧文竟然也手执这种压力球。1992年，欧文对战宾夕法尼亚鹰之队，当与记者会晤时他拿出了一件玩具，告诉记者："这是我的压力球。每一次你们的问题让我紧张时，这个就起作用了"。这之后不久，压力球发出的玻璃破碎般的声音就响遍千家万户了。

压力球本身不会和每个人都产生共鸣,但这种理念可以。在随后几年的推广中,其他公司开始推出自己的版本。1992年,国家运动生命协会把压力球列入十大健康礼品导购名单上公布于众。与卡斯韦尔的海绵状的混合物不同,这些新发明的球是用乳胶做的外皮,里面填充的是糊状黏稠的物体,从而提供更愉悦的手感。1994年,一家名为Proinnovative的公司发行了一种叫作gripp(抓手)的小器具,是压力球和手腕锻炼器的结合体。它由4层乳胶做成,里面包裹小米,赢得了多项设计大奖。但同时也存在很多问题,比如乳胶外层时常渗出细小的米粒。海绵状的聚氨酯压力球变得非常流行,尽管它脱离了传统球的形状。因为里面的液体可以随意塑型,你可以按照你的想法随意捏来捏去。那些财政拮据(或者不经常参加公司社交活动)的人,也可以自己用沙子或粉末填充气球在家里制作压力球。

数据与事实

尺寸:压力球的直径大约为5.72厘米,重99.23克。聚氨酯类型的压力球有各种型号和尺寸。

附加元件:除了提供可压缩性,一些压力球的生产公司还提供其他的钟、铃和哨子,也有的公司还推出一些有香味的球,比如甜瓜味、薄荷味、葡萄柚味,还有各种能发出奇怪声音的球。现在也有可以发出开怀大笑声音的球,它取代了过去那种发出玻璃破碎声音的球。

奇闻轶事:压力球并不总是好的。2008年,伦敦的国会议员乔治·加洛韦正在伦敦的霍尔本区域进行演讲时突然被投掷的一个蓝色压力球击中脸部。尽管加洛韦被击倒,但这次袭击还是舒缓了当地人一直以来承受的压力。苏格兰《格拉斯哥先驱报》在这之后发表言论说:"据报道,这次袭击在霍尔本引起了欢呼,用球来表达愤怒也能像扔出个炸弹那样解气"。加洛韦的状况基本稳定,对于嫌疑人,他也仅仅是警告了一下就离开了。

名称:Sorbothane是最早应用到压力球里面的材料,有很多材料都可以使压力球更好地抓握。压力球在运输独立钟和保护美国国家航空和航天管理局的航空飞机"发现"号上的照相机时还充当了缓冲垫。

五十

超级球

有一种球很特殊,它为世界上最大型的体育项目橄榄球比赛提供灵感,却没有这种球的比赛。1966年,当职业橄榄球比赛正在争夺冠军时,堪萨斯的市长拉马尔·亨特开始为他的孩子们设计一种经常玩的超有弹力的球。尽管有些异想天开,亨特想出了一个名字"超级碗"(superball)。这个想法很有见地,却没能实行。

多年以后,亨特回忆道:"这是一个我们都承认的名字,却因为太土不能被使用,包括国家橄榄球联盟总裁彼特·罗泽尔也这么认为。但我们都用这个词来称呼它,并且后来电视网络对此也很关注。"

为了纪念这场重大事件，超级球甚至在俄亥俄州职业足球大厅的名人堂有了一席之地。

对于一个几乎不存在的球来说情况还不算太糟糕。20世纪60年代，诺曼·斯丁雷想出了这个好主意，当时他还在加州的惠特尔市橡胶公司做化验员。他开始在空闲时间增压合成橡胶，并且发现当它形成一个球时弹力大得惊人。他把这一发现报告给他的上司，但并没有引起重视，因为这个球形状不稳定，仅仅几分钟后就破碎了。斯丁雷克服困难，继续完善他的发明，并且跳槽到了一家名为Wham O的公司。

1964年，斯丁雷进入Wham O公司去见公司的创始人，他轻轻地在桌子上弹了一下球，然后把它递给了Wham O公司的联合创始人阿瑟·司伯德·梅林。起初阿瑟·司伯德·梅林并没有料到这个球的弹性，他稍微用力地弹了一下，球一下子就冲到天花板了。Wham O公司的全体员工都大为惊讶，但是签署协议又是另外一码事。除了令人难以置信的弹力，当它撞击物体时也有着惊人的抓力。当右旋到合适的角度扔出去，球被弹到桌子上，然后又会反弹到玩家手中。在看到这个"桌面表演"之后，Wham O立即签约。

然而，超级球仍然不能被投放市场，因为它非常易碎。最后，用硫黄添加剂、氧化锌合成的橡胶配方，添加着色剂，在160℃和约6 894.76千帕的压力下烘烤15~20分钟，最终才制成这个超级球。尽管这个球在玩的时候还会破裂和破碎，但现在已经具备了可以接受的弹力。在为它申请专利后，斯丁雷谦虚地说："作为一个玩耍的物件，这种奇怪的弹力反应让这个球成为超级有趣的玩具。"

完美的开场，市场被Wham O疯狂占领。他们把它命名为超级球，改变了过去聚丁二烯的名字而采用了Zectron。这个球一度是销售员的终极梦想。协会声称超级球是最有趣的科学发明。这个球曾被描述成是暗紫的，和梅子的大小差不多，轻轻一跳就能在家里的这头跳到那头。尽管有一种科学被误用的感觉，但同时说明它超有活力。

超级球以每个98美分的价格非常热销。当它在1965年首次亮相时，据报道大约卖掉了600万个。Wham O敏锐地在超级球上获取巨大的经济价值，他的公司生产了更多不同型号的球，包括超级棒球、超级高尔夫球、超级色子，甚至公司为促销而生产的一种超级橄榄球竟然也风靡一时。它的弹力大到能够穿越酒店大堂或者一堵墙。

随着大量便宜的冒牌货涌入市场，超级球的销售迅速下降。在1977年，Wham O公司停止了生产。幸亏有世界各地的怀旧迷们，超级球在1998年重现市场，但这已经不属于原来的发明者了，只是重现了传统的玩具而已。

数据与事实

尺寸：尽管有很多不同的型号被生产，但是传统的超级球直径为4.83厘米，重量是59.54克。

竞争者：尽管有很多不知名的小公司进入市场和超级球进行竞争，但是"zoom ball"（缩放球）是佼佼者。它声称较之于超级球，它有双倍的弹力，甚至能够弹起3层楼那么高，价格却只要49美分。

艺术品：2004年，超级球在纽约博物馆的现代艺术展中被称作是"谦虚的杰作"。超级球就像是创可贴、白T恤、便利贴一样成为日常生活中的必需品。

名称：Wham O公司的另外两种产品叫作Ski-Hi（滑雪喜）和Jet Ball（射流球），弹性也比原来的球更好。Firetron则是一种荧光球。

五十一

乒乓球

很久以前,它被红酒和香槟包围着。之后,它被推到了健康和福利计划的风口浪尖,因为它可能会有助于抵抗毒瘾。为了在电视节目中更具吸引力,它被改变了尺寸。这听起来有点像好莱坞女明星的故事,但是,这就是实实在在的乒乓球(table tennis)的历史。

在19世纪80年代,英国军官第一次把当时很流行的维多利亚风格的草地网球带进了室内,并使它成为桌上运动。因为当时没有正规的器材,这些很有创新精神的军人把红酒或者香槟软木塞的圆头当成球,拿烟盒的盖当球拍,用几本书当作网。

因为当时没有正规的规则和器材,这个游戏很随意很不正规,却引起了体育用品商家的注意,他们认为这是个赚钱的好

方法。1890年，一个叫作大卫·福斯特的企业揭开了球拍和橡胶球的面纱。著名的伦敦体育用品公司制造商约翰·贾克斯推出了软木塞球和羊皮面的球拍，他将自己的这两种产品命名为"戈西马（gossima）"。但是这两种球都在之后的比赛中被否定了。福斯特的橡胶球弹跳力太强了，而贾克斯的球弹跳力则不够。

最后，完美的乒乓球来自与台球相同的、经过改良的一种合成材料：赛璐珞，这些轻巧的空心球最先在美国被生产出来。当一个名叫詹姆斯·吉布斯的人将它们带回英国时，机敏的贾克斯在它的基础上发明了新游戏。由于球撞击球拍的声音独特，新游戏就被命名为"乒乓球"。乒乓球在伦敦著名的哈姆雷斯玩具店中销售，在20世纪第一个10年中成为富人家中必不可少的娱乐游戏。人们对乒乓球最初的热情在舞蹈、饼干甚至歌曲上都有所体现。著名的英国诗人哈里·格雷厄姆在1905年写了《乒乓球歌谣》，里面写道："让胆小鬼去玩他们的网球吧/让土包子去玩保龄球吧/但是属于成熟男性和女性的是/乒和乓的消遣"。

在20世纪20年代中期，更专业的术语table tennis正式替代ping-pong成为这个运动的官方名称。这项运动在东欧和日本尤为盛行。通过这些渠道最终它传到了中国。当1971年一支美国运动队来到中国时，乒乓球成为中美之间一条不可缺少的政治文化桥梁，这被称为"乒乓外交"。

体育力量无穷，但是最大的问题是要使它在电视上更好看。球被击打后以超过每秒44.7米的速度不可思议地旋转着。2000年，乒乓球组织做出了一个大胆的改变，将乒乓球的直径增加到了和高尔夫球一样大。据说这种新尺寸的乒乓球可以降低8%的速度和13%的旋转，这可以使比赛更长久，更具有连续性，使电视前的观众可以更好地观赏。

数据与事实

尺寸：乒乓球直径4厘米，重2.7克。老版的球小一些，小大约0.2厘米。

其他用处：乒乓球有多种用途。可以将它投入漏斗中，或者在bingo游戏和抽奖中都可以用到它。第二次世界大战期间，乒乓球被用来为逃跑的美国何雷克斯公司的飞机照亮出路。如果你只想在桌子旁边待着，你可以尝试一个颇受欢迎的大学饮酒游戏beer pong，在游戏中玩家们试图将乒乓球扔进啤酒杯里。

名称：乒乓球被叫过ping-pong、gossima和table tennis 3种名字。人们爱用的名字还包括whiff whaff、pom-pom、pim-pam、netto和parlour（客厅网球）。

五十二

藤 球

提到藤条，美国人可能会想到板条箱、木桶之类的东西或者是在购物商场里的家居装饰品。但是在东南亚，藤球是一项介于足球和排球之间的激烈球类运动。

尽管人们有可能不会马上想到，作为一种比赛用球的材料，藤条曾经在很长一段时间内在马来西亚、泰国和菲律宾等国被用作建筑的基础材料。15世纪时，藤条编织的藤球是一种只能用脚来进行的非竞争性的运动。藤球通常是一个和小西瓜差不多大的空心球，选手们站成一圈，尽量不让球落地。它在不同的国家有不同的名字，在马来西亚、文莱和新加坡通常被称作"拉格"（raga，藤制的球），而在泰国，这种球则叫作"塔阔球"（takraw，编织的球）。

至于是什么人让这样一种社交性的、不分输赢的运动发展成为一项热血比赛，毫无疑问是有很大争议的。19世纪，泰国的体育委员会为藤球比赛制定了一些竞争性的规则，然而马来西亚也声称是这项运动的发源地。这一争论在1965年的东南亚半岛预选赛时变得尤为激烈。马来西亚主办这次比赛，并且想把这项踢藤球的运动加入赛事项目当中，其他一些国家也赞成这一想法。但是这其中有个问题，马来西亚把这项运动叫作"斯派克拉格"（sepakraga），在马来西亚语中是"踢藤球"的意思，而泰国和其他国家则认为，马来西亚语命名体现不了藤球（takraw ball）的其他发源地。经过一系列的讨论，人们最终在"斯派克塔阔球"（separk takraw）这个名字上达成一致。它既包含了马来西亚语中的"踢"（separk，斯派克），也包含了泰语中的"塔阔"（takraw，编织球）。

在有了名字和合适的场地并且协调一致的情况下，这项运动开始兴盛起来。参赛选手通常越过1.52米长，2.54厘米高的网，将球以每秒40.23米的速度踢出去，这样的力道会让藤球发生一些变化。虽然藤球有弹性，但是在遭到猛烈的踢打之后往往会裂成碎片，并且由于农作物的过度丰收也越来越难以获取。藤球一直保持着很久以前手工编织的造型和样式，但是现在通常都是合成纤维制成的。

有一些争议始终存在着。2007年，马来西亚代表队以球的弹力不一致为由退出东南亚比赛。泰国的组织者制作了一种新的橡胶表面的球作为项目的专用球，马来西亚人指责那种球太硬，弹力的一致性太差，他们宁可退出比赛也不会让选手们使用那种危险的球。毫无疑问，以前那种随便踢球的非竞争性年代已经结束。

数据与事实

尺寸：男子使用的藤球直径在41.91～43.82厘米，重量在170.1～178.61克。女子使用的藤球稍大一些、轻一些，在43.18～45.09厘米，重量在150.26～153.09克。

名称：每一个藤球队有4个队员，3个正式队员叫作tekong和1个替补队员叫作regu。

五十三
团队手球

最初的团队手球（team handball）不仅是一个用来得分的球——它还是一个可用来进行宣传的道具。1936年，德国举办了柏林奥运会，它的领导人有权添加一个比赛项目。领导人毫不犹豫地选择了一个叫作"场地手球"的户外版本——团队手球。比赛在一个大的场地进行（所用球的大小与一个足球差不多），基本上就是用手玩的足球。德国人声称它是一项"本土运动"，认为他们在这种笨重的手球项目上能够比其他国家更容易得到金牌。他们是对的。他们打败了参赛的其他5个国家，包括美国。

第二次世界大战中止了德国追捧的户外版团队手球运动，但是这项运动在战后初期情势还很萎缩之时便复兴了。斯堪的纳维亚人可以说人人都擅长发明小型的功能性室内用具（参见宜家）——发展室内的团队手球也是如此。他们选用了较小一点的球（与大甜瓜大小相近），于是它就发展成介于足球和篮球之间的一种游戏。游戏目标是向与足球球门一样的网里进球（当然是按手球的方式进球），并保留篮球项目中的罚球和运球。对室内手球的场地来说，球员显得相对少些（每队7人，不同于户外手球是11人一队）；在一番争议之后决定改用一种大于篮球场的场地（比室外庞大的场地更加规整），而且在寒冷黑暗的冬季也可以定期举行。后来实践证明更大并不总是更好，自从在1936年开始使用大版手球后，直到1972年小版手球才终于重返奥运会赛场，并且至今一直作为奥运会的比赛项目之一。

今天，国际比赛采用的是人造球和皮革球两种。一个名叫艾吉尔·尼尔森的前丹麦足球守门员在20世纪40年代后期和

50年代初期是引领团队手球的发展先驱。他的精品体育运动A/S公司宣称可以生产最好的手工缝制手球,因为他们有处理乳胶气囊成型的最好技术,这样生产出来的球形状完美便于运球。正是由于这个原因,他的公司被选为奥运手球比赛的唯一供应商。

数据与事实

尺寸: 男子手球的直径是58.42～60.96厘米,重量为425.25～481.95克(女子手球的直径比男子手球的直径大约小5厘米,重量约轻85.05克)。

变化: 沙滩手球类似于室内手球,但是是在阳光下的沙滩上玩,使用一个较小的橡胶球。该游戏是1970年一个瑞士的生物学家发明的。当时叫作"巧固球"(tchoukball),是一种很像团队手球的游戏。

名称: 这项运动的一个关键是"3步和3秒钟规则"。运动员在运球、传球或者射击之前只可以走3步,持球不可以超过3秒。在一般情况下,守门员不受此规则限制。

五十四

网 球

早期的网球（tennis ball）是见习基督教神学者创造出用来向上帝致敬的，因此有人会想到约翰·麦肯罗式激烈的长篇演说在网球的早期发展阶段一定会受到欢迎。也许是因为当时很穷，也许是眷顾像麦肯罗这样的人，似乎上帝很喜欢大球。

14世纪，在法国小镇内维尔的神父是负责生产网球的。他们相信他们生产越大的球就越能表达出他们的虔诚和精神上的热情。他们的任务是负责创造供唱诗班成员玩的游戏，这些游戏是当时复活节习俗之一。教堂的管理阶层成员最后减少了玩这种球的次数，后来他们也为了锻炼的目的练习网球。当初玩这个游戏的规则与现代网球规则也有相似之处，只是当初的运动员还没有使用网球拍，他们用双手截击这些大球。

教派慢慢地退出了这个游戏,同时允许欧洲上流社会的成员去发展这项运动(这个游戏对于他们而言几乎有着狂热的吸引力)。这种最初的网球形式叫作"jeu de paume",与如今的游戏形式有很大的不同。最为显著的是运动员用手到处击球。在16世纪初期,出现了短网拍墙球,网球运动的组织者也被迫开发出更坚实的球来解决冲击问题。那个时候因为球没有足够的弹力,不能带到室外玩,所以这项运动起初是一项室内活动。尽管如此,即便在坚硬的室内地板上,给球增加一些弹力也成了亟待解决的问题,这就促使工匠去寻找合适的材料。

皮革或羊皮是典型的材料,但是发现完美的用料是一个令人烦恼的过程,因为差不多所有的东西都尝试过了——狗毛、苔藓和锯末。后者要考虑更多因素,因为当球不可避免地弹起时木屑会使手受伤。但是在所有的选择中,最奇怪的一定是使用人的头发了。在英格兰,网球运动是贵族运动(1530年,在汉普顿宫建了一个网球场)。对于网球制造者来说,去当地发廊收集材料是很平常的事。甚至莎士比亚在《无事生非》里也提到过这种特殊的实践,当裴德鲁先生开关于拜尼迪克的玩笑时,克劳迪告诉他:"理发师一直在看他,他的胡子已经塞满了网球"。

对于热爱运动的欧洲君主来说,毛发类制作的球无法满足他们的需要。据说,英格兰的亨利八世玩过像软木塞那样轻的球。在法国,路易十一世对于选择网球表面材质很是烦恼。这使他在1480年放弃了诸如沙子、重质碳酸钙、石灰和金属屑等材质。很显然头发相对于其他的材质来说是可以的,但是国王坚持要求球里面还是应该添加像羊毛一类的东西。17世纪初,网球制造者意识到可以以碎布为中心,外面弄成圆形贴上胶带,这成了制球的标准。正是由于这一点,更换时不需要花很多钱的白布取代了以往网球表面的皮革。

尽管欧洲皇室们喜欢这项室内运动,它的发展却因为18世纪时进行的革命而中断(结果显示,一次好看的斩首成为受欢迎且具有观赏性的活动)。到了19世纪,由于出现了橡皮球,网球又以一种新颖的室外运动形式回到了人们的视线内。欧洲人认识有弹力的橡皮球要追溯到1528年,那是西班牙征服者赫尔南·科特斯从新世界带回来送给西班牙国王查理五世的礼物。但是在当时大量生产橡皮球的技术是很难掌握的,直到一个名叫查尔斯·古德耶的美国发明家在1839年发现了如何硬化橡胶后,问题才得以解决。尽管一些人尝试玩过户外弹力球,但是众所周知,最终得到批准去普及和编纂室外网球或草地网球规则的人是梅杰·沃尔特·克洛普顿·温菲尔德。

温菲尔德来自英格兰一个最古老的家族之一,他的血统可以追溯到诺曼底人对英格兰的军事征服以前。作为牧师的外孙,温菲尔德是一个想挤入上流社会的人，当他在印度服役时娶了将军的女儿。据猜测，他认为为贵族发明一项游戏能更加巩固他的社会地位。所以在1873年，他致力于研究一项游戏并起名为"司法泰克"（sphairistike，希腊语的意思是玩球的艺术），听到像"司法泰克"这样的名字，可见温菲尔德就不是一个商业天才。传奇的是，他最终采纳了首相阿瑟·贝尔福的意见，将其改名为草场网球。于是这项运动很快就吸引了威尔士王子和很多的欧洲皇室，他们开始购买一系列的球、拍子和网。

温菲尔德的第一套网球全套设备包括来自德国的灰色橡皮球，但是对于这些上层的顾客来说，改良是必需的。为了这个目的，包裹着白色法兰绒的橡皮球在1874年被投入使用，这使网球运动有了更好的观赏性和更连贯的比赛。顶级运动员最关心的是保护橡皮球。看起来有点犀利的1887年的双打冠军H.W.W.威尔伯福斯写过这样一段话："球一定要好好保养，不能把它们放到阴冷潮湿的壁橱里，它们一旦接触严寒，就会变得无法使用。根据规则，上一赛季的球是不能再被使用的。刚刚缝制好的球才是唯一可以即时使用的球……表面没有包绒的球绝对令人深恶痛绝"。

谈及他所提到的寒冷，威尔伯福斯非常赞同将球表面的布换成温暖的羊毛，这发生在20世纪初（不久之后，表面的羊毛就被尼龙、羊毛和棉线的混合物取代）。网球表面继续变化，直到20世纪20年代，有弹力的胶合剂取代了缝线。到了20世纪70年代早期，网球发生了一个颠覆性的改变，荧光黄色开始取代白色作为球色的选择。这项改变与商业有关，因为耀眼的荧光黄色在电视上能看得更明显。庄严的温布尔登赛事花了10多年的时间才在锦标赛上接受了这个发光的球。

创建一个现代产品是件严格的事情。工程师们设计足够蓬松的绒毛球，让网球拍的表面能得到良好的摩擦，但从空气动力学角度还无法减慢球的速度。当网球表面粘贴到胶皮球上之后，用工业烘干机将其烘干，以达到最佳的绒毛效果。制成之后，还要检验球的压力是否适当，反弹力如何，圆度够不够（球必须满足美国公开赛的标准）。这是最精准的样式，即使是最认真的人也很难实现。

数据和事实

尺寸：网球的直径6.35～6.67厘米，重56.7～58.47克。

奇闻轶事：热爱网球的王室们并没有从他们所支持的这项运动中得到好处。

两位法国国王的死因都与网球相关。路易十世在一次网球比赛后感染上了严重的风寒而驾崩。查尔斯八世因在他去网球场的楼梯上撞到了门楣而驾鹤西去。苏格兰国王詹姆斯一世，1437年2月20日丧命于一场谋杀。据说，在被谋杀的3天前，他唯一的逃生路线就已经被封锁，因为他的网球堵塞了通道。英王乔治二世的儿子，威尔士王子弗雷德里克，其死因同样也与打网球时受伤有些许联系。可怜的弗雷德被球击中了胃部，医生们认为正是这强力的一击，导致了3年后他的离世（有人说他其实是被板球击中的，所以他的死因至今尚无定论）。

莎士比亚和网球：莎士比亚在6部以上的作品中都提到了网球：《哈姆雷特》《亨利四世》（第二部分）、《亨利八世》《无事生非》和《伯利克里》等。在《亨利五世》中所提及的可能是最著名的。英国国王被法国太子赠送的网球所羞辱，这直接导致了对法国的入侵和阿金库尔战役（这个假定的事实可能还没有确切的根据，也许是杜撰的）。

名称：大多数观点认为，tennis（网球）这个术语是来自法语tenez，意思是"抓住这个"。可以想象早期的球员在击球前会大声喊出"tenez"。但是作家朱利安·诺里奇在他的《请让我们的球回来》一书中指出，牛津字典写到"在法语中还没有发现对这种称呼的提及"暗示了这个词的词源仍是一个有待探讨的问题。

五十五

绳 球

想象一下一群纽约的精英们在海边叫嚷着玩绳球游戏的场面。如果你觉得这还不够喧闹的话,那你可以再想象一下,在印第安纳南本德知名的圣母大学里,巴黎圣母院足球队的队员们为绳球比赛摇旗呐喊的情景。其实这里所说的绳球就是把一个球用绳子紧紧地拴在一根杆子的上方,再进行击打球的简单游戏。在这所大学的确曾经有一阵绳球(tetherball)发展的鼎盛时期。

如今,绳球仅被当作生长发育期孩子们的游戏,而且逐渐进入了一个令人遗憾的无人问津的境地。2004年的电影《大人物拿破仑》就是见证。但是,1899年的《纽约时报》指出:绳球

正以它独特的方式和时尚新颖的手段来争取公平的对待,也吸引了越来越多原本热衷于传统"槌球游戏"和网球游戏的人。到1942年的时候,绳球还没有成为一项我们习惯于在操场上玩的游戏。然而也就在这一年,一个伊朗的足球中卫把这个游戏带到了巴黎圣母院。他的队友弗瑞德·伊万,一个脑筋看起来有点不对劲的家伙,竟然要为克莱芜岛历史上第一场绳球比赛进行赛事计分,从而也意外地使绳球这项游戏在当时的各所学校里得到蓬勃发展。

至于绳球是怎样从一个成年人热衷玩耍的游戏项目,发展成为如今大多数孩子都知道并且喜欢的那个球连着绳,绳拴在长杆上的游戏呢?其实,这个早在1880年就被发明的游戏在早期时,那个摇晃的球是很小的,只有网球那么大。而且在当时,那所谓的橡胶球只不过是在弹簧绳索的底部塞进了一些鱼线,然后参赛者用双足或赤手来击打这个球。这种游戏形式,后来被认定在技术上与草地网球十分相像,所以绳球运动也被认为是草地网球的最初形式。有一点不同的是,绳球运动可以不用担心球被打出去后造成意外事故。

然而,作为球类生产商的W.J.沃伊特橡胶制品公司对绳球却有自己的独到见解。这个公司总是想方设法扩大自己的市场,公司老板沃伊特在沙滩用球和红场地用球方面都进行了大胆创新。1948年,沃伊特公司引进了排球大小的绳球版本。结果这种体积大一些的球被许多进行基础教育的学校接纳,成为小学校园里常见的游戏之一。当这种表皮坚韧、表面光滑的白色防水新一代橡胶球一经问世,便被冠以耐洗和容易看见的特点,而它的广告语更为绝妙:"容易上手"。就在这时,其他球类公司也相继推出了各式各样的绳球版本,其中大多数是橡胶制成的,也有一些是皮革制成的。而沃伊特公司成功的另一个关键因素就是在球的顶端做了一个凹口,所以那些连接在绳子顶端和球底部的钩子就不会把击球队员划伤了。

这种使用大球进行比赛的形势发展非常快。据《高知名科学杂志》的报道,在1948—1954年这短短的几年间,有12次大规模的集体绳球比赛。而且,据说那个杂志社还未给出最原始、最准确的数据。但是显而易见的是,这种3.05米高便于操作的绳球装置已经遍及所有美国人的居家后院、学校操场。然而,不得不说的是,随着时间的流逝,这种绳球繁荣的局面已经走远,绳球的发展势头也大不如前,甚至陷入了一个暗淡期。当然也有一些因玩耍绳球而离奇死亡的事件发生(绳子和球都会以意想不到的速度摇摆晃动,出现了勒死年轻人的意外状况)。不管怎样,绳球确实受到了巨大的濒临消亡的挑战。这种游戏已经不能吸引那些懵懂少年的眼球了,情况看起来就如同其他古老的游戏,如"避球游戏"和"打击球游戏"的消亡一样。

然而，无论如何，绳球都是属于每个人童年时期的试金石。正如1997年著名电视节目消费者信息与商业频道的知名主播凯蒂·科瑞克对她的同事说的那样，她收到过最好的圣诞礼物就是一款绳球装置。她说："我非常热衷于绳球，虽然我个子不高，但我喜欢高高地跃起，重重地击球。而现在，自己已经很难有机会再像年轻时那样有激情、有进攻性和挑衅性了"。

数据与事实

尺寸：绳球的直径是20.96厘米，重量约375.64克。

绳球变奏曲：有些公司推出了超柔软的绳球，试图创造出一种"无绳游戏"。原始的小一些的绳球依然保留，这种新推出的游戏叫作"短桨绳球"（paddle tetherball）。

名称：当双方触绳，或两次击球时都属于犯规，这时要进行"撞杆"（drop pole）。重新开始比赛时，双方把手放在球上，然后他们冲着球杆的方向松开手。当球再次撞击球杆时，双方都可以重新击球了。

五十六

乌理玛球

在球类项目中，最性感的运动当属中美洲的乌理玛球（ulama ball）。它是一种古老的、轻柔的橡胶球，大概和健身球一样重，和排球差不多大小。玩乌理玛球要求臀部的动作要像猫王埃尔维斯·普莱斯利一样，原因是球要从中腹部弹出去。这个游戏要在两队之间进行，用臀部把这个球传给对方，保持球始终不落地。这也难怪当克里斯托弗·哥伦布第一次到达圣多明各时，看到人们都在玩这种蹦来蹦去的橡胶球，还以为是撒旦在作怪。

这项运动的许多专项术语都带有性的影射，那些强有力的臀部动作依然被乌理玛球员们保留。比赛者需要耐力去驾驭乌理玛球。参与者需要有强有力的臀部去承受不断连续的撞击，球在空中的飞行速度为每秒13.41米。古代的一些运动员甚至穿上皮革来保护臀部。此外，由于复杂的规则，这个游戏能持续几天，也能使某个队伍的得分在一局之内降到零。

即使让历史退回到公元前1000年，这个游戏和它的传统用球也都基本灭绝了。在16世纪，统治者们禁止这项运动，他们把它看作一种反基督教的活动。在墨西哥，乌理玛球仍然存在。但据洛杉矶加州大学研究乌理玛球的专家兼教授詹姆斯·布雷德估计，当时也只有大约100个球员。这项运动消亡的一个重要原因是无法制造出足够的球。在玩这种游戏的地区，橡胶树被毒枭控制，产量降低，甚至不足。

几千年前，西方国家找到制作橡胶的办法，通过一种天然的硫化过程，乌理玛球就被精巧地制作出来。游戏的拥护者尝试用人造橡胶，但是这项运动的用球需要软硬度相同、反弹力精确，这很难办到。因为这是最性感的乌理玛球，人们不能伪造它。

事实与数据

尺寸：乌理玛球的尺寸变化无常，但是最常见的直径大约为20.32厘米，重量约4.08千克。

赌徒的游戏：说它是赌徒爱玩的游戏原因之一可能是西班牙探险者被乌理玛球游戏中的赌博性所吸引。另一个原因是有一个故事，讲的是一个男人在一场乌理玛球比赛中，以他的女儿沦为奴隶作赌注。也有报道说有人在这个游戏中丧失性命。

名称：阿兹特克人把橡皮球叫作olli（ollin的变体，意思是"动作"），在西班牙语中，用ollama或ulama表示。

五十七

排 球

当1895年威廉·G.摩根在马萨诸塞州的霍利奥克成功地发明了排球（volleyball）时，他一定吟诵了那条关于房地产的咒语："位置，位置，位置"。

当然，众所周知，霍利奥克是一个美丽的田园风格的小村庄，更重要的是，它在地图上的位置为排球这项新运动的持续发展铺平了道路。

在成为霍利奥克的基督教青年会干事后不久，摩根就决定要为来健身房锻炼的商人们提供一项新的运动项目。在从网球中得到了一些灵感后，他设想出了一种选手们需要在空中相互

传球并不使其落地的运动。他估计这种运动可能会得到客户的喜欢（显而易见，篮球对于摩根那些举止优雅的客户来说太过激烈）。他尝试同当地的一个消防员来回截击篮球，但是坚硬的篮球表面使他的手腕受了伤。继而他又尝试使用篮球胆，虽然这样玩起来轻松了不少，但是篮球胆太轻，在空中飘忽不定，玩起来不方便，难于控制。

当一个人需要为自己新发明的游戏创造出一种全新的球时，他会怎么办？对于摩根来说，他只需散步顺流而下，轻松地走上8.05千米到达奇科皮小镇。摩根拥有了同美国最杰出体育用品制造商A.G.斯伯丁兄弟成为邻居的好运气。那时并没有快递，摩根只需整理一些关于球体设计的阐述说明，一段时间之后他就得到了一个模型。斯伯丁的第一次尝试是使用较为柔软的小牛皮，但支撑不好。第二次他尝试使用了一种较轻的并且更耐用的皮革，这种材质同篮球很相似，正符合摩根的要求。

排球规则在过去的几十年里发生了很多改变。比如，网的高度增高了30.48厘米以上，手上传球而不是像篮球运动那样，是在地面传运球的方式先被允许，之后又被废除。但除了在20世纪初有过一次试图将排球尺寸扩大但并未成功的改变之外，现行的排球规格几乎同摩根最初的设计是一样的。这并不意味着排球没有与时俱进，它的精髓在细节上体现得淋漓尽致。

如果你认为排球比其他球类有更强的漂浮力也是有道理的。在美国，大多的排球主要由三部分组成：球囊、棉质或尼龙材质的布层，与外层的皮革表面相黏合。不同于篮球，排球的囊与外壳不是一体的，而是在其中加入了一个气囊从而使球更加柔软[这种方式被称为"松弛球囊（膀胱）制造"——这里需要你自己来理解这个笑话]。对于摩根来说，排球球体的设计对于场地的要求是很严格的。尽管大多美国人很喜欢这种带气囊的设计，但是其他地区的选手则更倾向于选择没有气囊设计的球。因为这样球打起来会更有力，并且速度也会更快。

数据与事实

尺寸：排球的周长必须为64.77～67.31厘米，并且重量255.15～283.5克。

外形更新：2007年，国际排球联合会将一种新球引进比赛中。这种改变包括在球面增加了8面花瓣的设计以使排球在空中飞行的轨迹更准确。当然，还有它的颜色。室内排球在这次变革前通体是白色的，后来为了更易辨认，将排球改变成蓝黄相间的。此后也不时冒出一些其他的配色方案。

多样化发展： 20世纪20年代，沙滩排球在加利福尼亚州开展起来。为了克服海边不时吹来的阵阵微风，选手们采用了一种比室内排球略大的球来抵抗风的阻力。

名称： 摩根先生最初把这项运动起名为小网子（mintonette）。但这一名字源自哪里无人知晓。一些学者认为它源于一种叫作"明顿"（minton）的印度游戏，在这个游戏中参与者用拍子在空中击打一种小球。"ette"这一后缀暗示了摩根的这一新项目是同前者十分相似的。对此的另一个解释是这个项目与羽毛球十分相似（没有解释说为什么不干脆就叫它羽毛球）。庆幸的是，摩根先生采取了他朋友们的意见，并且把这项运动的名字定为排球（volleyball）。

五十八

水　球

早期的水球（water polo）是一种偶然出现的球类运动。它起源于19世纪60年代的英国，起初被称作"水上足球"，主要是一种争球的比赛。那些听上去不太令人愉快的动作术语，比如背后勒颈、柔道扳趾，都是阻止对手过线得分的一部分（以英式橄榄球为依据）。

最早的水球是由紧密的印度橡胶制成的，一些选手会把球塞进泳衣里，尽力躲过各种争抢向球门方向移动。为了躲避变成完全在水中的争抢，举办者们觉得必须要进行一些改变，于是规定用足球大小的白色充气橡胶球来代替容易被藏起来的球（有些地方用皮球来代替）。但是即便规则已经改变，在美国仍需要着重强调这一点。因为水球只充气到八分之七左右，这意味着选手们还是可以轻易地拿着球一路穿过水池。

1902年，美国的规则变成必须使用充气饱满的球。那些打算故技重施的选手们并没有让步，他们说"不容易带球"使比赛变成了"一个不断丢球的闹剧"，《纽约时报》如是报道。后来选手们适应了变化，但水球仍然需要调整。一名来自南加利福尼亚的水球教练吉米·史密斯对于在国际化比赛中广泛使用浸水的皮球而感到愤怒。1935年奥运会上的水球像灌了铅一样，打那以后，史密斯着手研究这些问题。

他联系了一个成功的充气球制造商沃伊特，他们开始尝试制造更优质的水球。他们做出的是一种不会浸湿的橡胶表面的球，带有把手。最初的水球是红色的，但是在20世纪40年代末被改成了一种固定的黄色。有一种说法称颜色的更改是因为球的色调和第二次世界大战时，曾用来制造救生衣的橡胶的颜色是一样的。这一说法基本是不属实的。新的颜色提供了很好的可视性。在那之后，大学和高校联盟都明确规定比赛中要使用黄色的球。

尽管改善持续了一段时间——最显著的是在20世纪80年代，这种在水上更容易辨认的球成为一种规范，水球一直都是黄色的，并且有黑色的接缝。2006年，运动管理机构同意使用多种颜色的设计。然而关于水球仍旧存在争端。一些学校不喜欢新的颜色，他们拒绝使用和他们劲敌相同颜色组合的水球。

数据与事实

尺寸：水球的周长从男子使用的71.12厘米，到女子使用的66.04厘米，重量从396.9～453.6克不等。

名称：在水球运动中仍然存在"硬拼"。brutality是一种犯规，指的是故意造成对手身体伤害的进攻方式。

五十九

威浮球/空心球

1953年,大卫·纳尔逊·马拉尼是一名前任学院的半职业棒球运动员,住在处于工业困境中的美国康涅狄格州,正在寻求突破。失业在家时,马拉尼看着自己13岁的儿子正在用扫帚柄和塑料高尔夫球玩改装版的棒球游戏。当他的儿子抱怨他用这个小球掷弧线球伤了胳膊时,马拉尼开始了研究。他在一个球状的塑料香水包装盒上打了一些洞。尝试了很多次,但是最后,他制成了一个无比轻软的塑料球。有了这些洞,球更容易抛出曲线,这对击球员击球是一个挑战,但如果使些臂力则更容易上手。

他的儿子建议叫它为威浮球(whiffle ball,根据一个球的俚语命名)。然而,考虑到他爸爸的经济状况,大卫的儿子建议拼写名字的时候不加"H"。"就像我们必须要在门上做记号那样,

起这个名字吧。"男孩解释道:"我们可以少付一个字母的钱"。怀揣一颗创业者的心,老马拉尼将他的房子作为抵押,开始售卖这种新产品。他买了一台注射成型机并且还在附近的工厂租了一块地。他的第一个销售场所是当地的一家餐馆,他们同意他在窗前销售威浮球,价格是49美分一个。

1957年,威浮球被授予了专利权。威浮球的设计特色是在球的一面有18个细孔,另一面是实心的塑料球(现在的球有8个更长一些的孔)。在马拉尼创造出这种球之后,各种类似的仿制版本涌现在市场上。有些球上全是小洞,有些球上是在中间有小孔。每一种球都需要不同握法来使球在不同方向上转动。准确地投掷出威浮球,会向上、下、左、右4个方向滑动1.22米,大约是专业联盟曲线球距离的两倍。这种球还可以在短距离内以极快的速度投掷出去。使用雷达测速枪测出威浮球以每秒33.53米的速度运动,而在专业联盟的投球区18.44米高的土墩上击球的速度会转化为每秒46.94米。

很多公司试验过威浮高尔夫球、篮球和足球,但是没有一个能成为盈利的企业。尽管如此,今天康涅狄格州的威浮球公司仍然保持着成功的家族企业,这多亏了他们独创性的设计。

数据与事实

尺寸:最初的威浮球周长是22.86厘米,重45.36克。

其他用具:击打威浮球最受欢迎的产品是威浮棒,最初的威浮棒长为0.79米,还需要一个外皮结实的直径为2.86厘米的桶。现在,市场上有很多各式各样改装的球棒,也有0.81米的威浮棒在销售。

广告宣传:为了销售威浮球,他们聘请重量级的联盟棒球运动员代言。起初,代言人包括名人堂的莱特·福特和泰德·威廉姆斯,但是随着时间的推移,马拉尼家族发现这些著名击球手给他们带来的利润并未超过聘请他们所花的成本。

名称:从事威浮球这项运动的人叫wiffler(威浮手)。

 六十

悠波球/滚人球

杜安·范斯勒伊斯和安德鲁·埃克斯发明了一种可以让人完成非凡技艺表演的球类运动。之后，他们认为这项运动也不是运用球体可以玩出的最酷的技巧。他们要想出令人印象无比深刻的游戏项目。当时，新西兰当地人正沉迷于创造一种可以在水上行走的方法。1994年，前面提到的两位发明出了悠波球（zorb globe），一种你可以爬进里面，看起来像人形仓鼠玩具的巨大的球，并且他们也在埃克斯的一个车库里开了一家商店。

他们非常兴奋地把这项运动投入到海上，但很快就发现在海上行走并不像他们想象的那样值得称赞。这项运动其实很累，在海上开展很困难。之后他们有了一个新的启示：爬进悠波球里，然后从山上滚落下来，这被叫作"滚人表演"，是一种让

人们心甘情愿花钱去享受，能刺激肾上腺素分泌的游戏。电影《疯狂高尔夫》里面的情景会让你充分了解这种球。

事实上，公司提供了两种不同的球。其中一种是带有安全带的悠波球，在球的中心用绳子把人捆住，再从山上滚下来。这项滚人球运动在世界各地都有自己专门的路线。另一种是带水的悠波球，在这种球里没有安全带，而是加入了大约22.73升的水。由于球要从山上滚下来再滑落到水里，发明者们把玩手们叫作"骑球人"或"悠波骑手"。这个过程中，骑手们就好像是在洗衣机中滚动的袜子。

这两种球在本质构造上是一致的，都是透明的可充气的塑料球，由一个外部直径大约3.05米的球和里面一个直径大约1.83米的球组成，用许多尼龙绳将小球嵌在大球里面，中间的空隙用来填充空气，给骑手创造缓冲空间。骑手们爬进0.61米宽的洞，确保洞里有足够的氧气。里面的空间最多可以容纳3个人。而没有水的版本则是另一种情况。

从山上开始的滚人运动可以落到水面上，但也有一些限制，例如球滚下山的角度不能超过20度。安德鲁·埃克斯在1999年运动画刊的文章中指出："悠波球能从任何角度弹起，遇到任何坡度都会弹啊弹。"悠波球一般能滑行152.4～213.36米，这取决于不同的比赛路线，至少能持续40秒。滚人运动听起来像是一个能引起胃中翻江倒海的过程，但是大球意味着每9.14米形成一次旋转，所以感觉起来并不会像一个旋转的棒球。大多数骑手能达到每小时32.19千米的速度。最长的滚动距离接近570.59米，最快的球速为每小时转动51.5千米。

尽管这是一项惊险的极限运动，但还是有一大批人被这项运动所吸引。音乐人彼得-盖布瑞尔在2003年的体验"成长之旅"节目上玩过一次，还有像"奇妙旅程""骑士规则""大转轮"这样的电视节目也都是这种悠波球表演秀。"海洋世界"曾经也要求过悠波球表演，甚至连喷气推进实验室为美国国家航空和航天管理局所做的火星着陆研究中也用到了悠波球。

当有人要分享他们的创造时，发明者还是很有洞察力的。2002年，摇滚乐队"烈焰红唇"（Flaming Lips）想要使用一只悠波球来表演，在听到了这支组合的专辑《很棒，披头士！》（*Yoshimi Battles*）和《粉色机器人》（*The Pink Robots*）后，发明者埃克斯在网络上表示拒绝提供。我们只能猜测原因是他不喜欢他们的音乐。该乐队不得不改变了他们的版本，变成了在人群中表演冲浪运动，围观的观众中有人举着悠波球，借此来勉强实现他们最初的设计。至今我们都不知道最后乐队成员到底能否使用悠波球在水上表演。

数据与事实

尺寸：悠波球直径大约3.05米，有的可以大到3.66米，重量为89.81～99.79千克。

发明人解散：1996年，最初的发明者之一杜安·范斯勒伊斯离开了生产悠波球的公司，去从事别的他感兴趣的工作了。而安德鲁·埃克斯在2006年离开了公司，他在他的网站上说，他的离开是因为公司被新政权所控制，令他越来越失望。

国际吸引力：在全世界都有悠波球运动的网站。最初盛行是在新西兰北岛的罗托鲁瓦，在美国田纳西州的鸽子谷也有人玩。其他厂商也尝试引进生产可充气的各种滚人球，但是悠波球的制造商很快就指出他们的竞争优势是严格的安全测量和制造细节。

名称：据说悠波球的zorb来自orb（球）和"Z"的组合，"Z"是为了纪念发明者所在地的新西兰几维岛（Kiwi）。

其他球类

如果你还意犹未尽，希望下面这些附加的球类运动以及它们所用的球可以满足你的需求。

1. 多尼球（doonee）：诞生于20世纪70年代的阿根廷，尽管这项运动需要两个网，但它的玩法似乎有点像排球，需要来回接球和击球。这项运动所用的球比篮球大，是中空的，叫作cor，很像是把很多动物气球捆在一起来做成的球。你可以在youtube视频网站上找到它。

2. 浮士德球（fistball）：这个游戏的名字有些不吉利。在德国，这项运动很普遍，也有个更吉利点的名字，叫作faustball。它的用球叫作drohnn，看起来和玩起来都很像排球。也就是说，这个球的外部是完全光滑的防水皮质，内部结构完全不同于排球。prellball是一个用于另一种类似排球的德国游戏中的球。

3. 浮士桌球（foosball/table ball）：谁会想到在我们想要在凌晨2点喝点啤酒消遣一下时竟然需要这种球。娱乐用的foosball是光滑的，直径3.3厘米，但是一个更有竞争优势的版本是一个更大的球，它的表面粗糙便于控制。

4. 科尔夫球（korfball）：一项很像篮球，但是没有篮板的荷兰球类运动。korfball用起来很像篮球。1979年，一位《洛杉矶时报》的记者说："它看起来似乎像一个贴着'荷兰式篮球运动'标签的足球运动。"

5. 马背球（pato）：这是阿根廷一项时间很久远的民族性运动，以最初的比赛用球命名。在17世纪，骑在马背上的人尝试着把活的鸭子装进篮子或皮袋，或者在马背上举着一张网来捕住小鸟，看起来像在抓蝴蝶。今天，一个特制的有6个羽毛把手的球已经代替了装鸭子的袋子。

6. 匹克球（pickleball）：一项在华盛顿西雅图发明的划桨游戏，用到的是一个看起来很像威浮球的中空的塑料球。

7. 滑球（skeeball）：一项游乐场里的典型游戏项目，把两个棒球大小的木头球滚进洞里，每个洞的得分不同。

8. 街头冰球（street hockey/roller hockey）：这项运动大概在20世纪70年代开始卖特殊的街上曲棍球之前就已经在民间流传近20年。通过他的麦克莱体育用品公司，一个曾在玩具工厂工作的加拿大人勒克莱尔制造出了在街上玩的小弹力球，受到人们的喜欢。随后许多公司开始争相效仿。

 **作者简介**

乔希·切特温德（Josh Chetwynd）是《今日美国》和《美国新闻与世界报道》报刊的获奖专栏记者。谈到体育，他与棒球的渊源最深。他曾经在美国西北大学的棒球队打过球，并参加过美国和欧洲专业级别的棒球比赛。同时，他也是英国广播电台和国家广播电视网5频道高级联赛协会棒球赛的主播。对棒球的热爱让他也同样喜欢别的球类运动。他对本书中的60种球类运动都有不同程度的喜欢和涉足。